自轉星球

在自己的小宇宙裡　用眼睛　看見世界真實的樣子

宅女小紅的空虛生活智慧王

宅女小紅（羞昂）

序 ⋯⋯⋯⋯ 9

生理衛生　　　　1｜老化自我評量 ⋯⋯⋯⋯ 13
學校沒教的事　　2｜人生的紅色警戒區 ⋯⋯⋯⋯ 17
　　　　　　　　3｜別再自責了，因為妳值得 ⋯⋯⋯⋯ 19
　　　　　　　　4｜小姨媽初體驗 ⋯⋯⋯⋯ 22
　　　　　　　　5｜菜花菜花滿天下 ⋯⋯⋯⋯ 24
　　　　　　　　6｜泳池便意濃 ⋯⋯⋯⋯ 26
　　　　　　　　7｜瓦靠＊呷奔＊愛字意＊ ⋯⋯⋯⋯ 29
　　　　　　　　8｜史上最值得宣導的事 ⋯⋯⋯⋯ 32
　　　　　　　　9｜就肛溫＊咧 ⋯⋯⋯⋯ 35
　　　　　　　10｜屁涼心更涼 ⋯⋯⋯⋯ 38
　　　　　　　11｜賣勾呷啦＊ ⋯⋯⋯⋯ 41

美容新知　　　　1｜好菌壞菌傻傻分不清楚 ⋯⋯⋯⋯ 45
從頭到腳都美麗　2｜健康快樂排毒營 ⋯⋯⋯⋯ 48
　　　　　　　　3｜與黃禎憲有約 ⋯⋯⋯⋯ 51
　　　　　　　　4｜水水們腋下如何 ⋯⋯⋯⋯ 54
　　　　　　　　5｜體毛也要些抖＊一下 ⋯⋯⋯⋯ 56
　　　　　　　　6｜柔柔亮亮閃閃動人 ⋯⋯⋯⋯ 58
　　　　　　　　7｜關於醫美，我要說的是⋯⋯ ⋯⋯⋯⋯ 60
　　　　　　　　8｜與馬鞍袋訣別書 ⋯⋯⋯⋯ 62
　　　　　　　　9｜雷射溶脂知識大全 ⋯⋯⋯⋯ 65

10 ｜ 彈性襪教戰守則 ………… 69

11 ｜ 你，跟上流行了嗎 ………… 72

職業生涯　　　　　　　1 ｜ 最新兼職首選 ………… 77

求才求職進修寶典　　　2 ｜ 黃金真的變黃金 ………… 80

　　　　　　　　　　　3 ｜ 有恆為成功之本 ………… 82

　　　　　　　　　　　4 ｜ 在職進修很重要 ………… 85

　　　　　　　　　　　5 ｜ 來生的職業志向 ………… 88

　　　　　　　　　　　6 ｜ 求職注意事項 ………… 90

　　　　　　　　　　　7 ｜ 辦公室的英格裡許* ………… 92

　　　　　　　　　　　8 ｜ 愛和歡笑和中央空調 ………… 95

　　　　　　　　　　　9 ｜ 千奇百怪的公司規定 ………… 98

　　　　　　　　　　　10 ｜ 團購為上班之本 ………… 100

技能提升　　　　　　　1 ｜ 請叫我S型女王 ………… 105

一技在手希望無窮　　　2 ｜ 拜拜愛字意* ………… 108

　　　　　　　　　　　3 ｜ 冬季火鍋食用指南 ………… 111

　　　　　　　　　　　4 ｜ 盡信導航不如無導航 ………… 113

　　　　　　　　　　　5 ｜ 國際龍舟錦標賽之溫刀抵隊 ………… 117

　　　　　　　　　　　6 ｜ 桶仔雞與野外求生 ………… 121

　　　　　　　　　　　7 ｜ 垃圾盃對聯大賽 ………… 123

　　　　　　　　　　　8 ｜ 愛唱才會贏 ………… 126

居家休閒　　　　　　　1 ｜ 獨居的隱憂 ………… 131

一個人也能好好過　　　2 ｜ 買房心得報告 ………… 133

3 | 是啊，我喜歡精品 ………… 136

4 | 宅女大主廚 ………… 139

5 | 颱風地震居家準備守則 ………… 142

6 | 節能減碳愛地球 ………… 145

7 | 迎接農曆七月的注意事項 ………… 147

8 | 看演唱會要注意 ………… 151

9 | 有錢最美希望相隨 ………… 154

戀愛講座
單戀苦戀失戀必看

1 | 有驚無喜的小禮物 ………… 159

2 | 一山還有一山低 ………… 162

3 | 愛人不疑疑人不愛 ………… 165

4 | 給不接電話的他 ………… 168

5 | 他劈腿了嗎 ………… 170

6 | 六分鐘獻一生 ………… 173

7 | 參加婚禮這麼做就錯了 ………… 177

8 | 千拜萬拜不如元宵當天再去拜 ………… 180

9 | 追求幸福你要學習忍耐 ………… 182

10 | 戀愛三二一之小朋友不要看 ………… 185

11 | 帶到那個好地方 ………… 190

後記 ………… 193

附錄一：假掰*省錢法 ………… 195

附錄二：女性安全駕車指南 ………… 203

附錄三：羞昂辭彙大全 ………… 213

序

!? 出了第一本書之後，家父一直不能諒解自己怎麼會生出這樣的女
兒，因此有空就會勸我寫一些有教育意義的東西，就算不能對國家
社會有貢獻，也希望我的作品至少可以讓一些在人生旅途上徬徨的年輕人感
到有所寄託。至於家母，她在翻了幾篇內容之後，非常後悔將女兒出書的消
息告訴親朋好友，別人問起女兒成為作家她覺得如何，她只給了四個字：
「丟臉死了。」

有天我背剪雙手站在擎天崗上，感嘆自己的渺小（因為牛很大）並思索人生
洗睯密*，始終想不出個所以然來，只知道，我不能再讓父母抬不起頭了。

於是經過一年半的苦思沉潛，蒐羅食衣住行等各式生活經歷，希望藉由這本
《宅女小紅の空虛生活智慧王》與讀者分享我的生活小智慧。曾經跌倒的地
方，提醒大家不要重蹈覆轍；而我美好的經歷，也期待讀者們能一起體會共
同擁有。看來隨興的文章，其實蘊藏了大智慧，我敢肯定的說：「這本書全
方位的在照顧讀者的生活。」

期盼接下來的內容，能夠對大家有所幫助。從地獄來的前女友轉型成生活智
慧王，讓大家閱讀之後人生一路順暢，就是家父和我最樂見的事了。

·

閱讀過程中如遇陌生字詞（以＊標示）莫驚慌，請參考213頁〈附錄三：羞昂辭彙大全〉（依筆劃排列）。

第1章

生理衛生

學校沒教的事

宅女小紅の
空虛生活智慧王

老化自我評量

!? 最近深深感到自己年事已高，胸線和臉頰肉似乎隨著年齡降低了一個水位，很想挑斷地心引力的手腳筋，警告它別再囂張下去。除了外觀改變，還有其他老化的徵兆，例如坐公車時要提氣縮腹，深怕一個不小心放出小腹會被讓位很跌股……

相傳要分辨女人老了沒，就是年輕女人遇到搭訕會覺得噁心，老女人遇到搭訕會超開心，但我實在無從驗證，因為根本沒有好心人來跟我搭訕哪～既然如此，不如就由我根據切身之痛為各位歸納一個簡易的老化自我評量吧！

症狀一：身體狀況大不如前

晚睡一天眼圈就很黑，要多睡三、四天才補得回來。不知怎的，人老了眼眶肉也會凹陷，照起來就更有老態。除了外貌，筋骨好像也老了，有天睡醒發現膝蓋扭到站都站不起來，明明只是在睡啊！友人克萊兒更誇張，她說有天起床不過是伸了個懶腰就肌肉拉傷，還去電療又做好幾次復健才痊癒，老囉……（咳咳）

症狀二：常感到體力無法負荷

稍微從事一點點活動就覺得身心疲憊，找到機會就要補眠，可是真的躺在床上又未必睡得著。上次陪吾友老頭去剪髮時我在店裡的沙發上睡了，陪我姊去逛生活工廠時也在展示椅上打起盹兒來，好害羞哦～（掩面）

症狀三：購物的範圍變廣了

以前都在百貨公司或店面買東西，當然路邊攤也會逛逛，但不會淪落到想去市場添購時裝。最近我對逛菜市買衣服很有熱情，上次買了一條一百的褲子好得意，穿回去給老木*看她也很鍾意*叫我再去買兩條。夜深人靜時只要想到家母欣賞我的衣服，代表我有歐巴桑品味我就直冒冷汗啊～

症狀四：覺得年輕偶像很可口

我這個年齡層的女生，小時候普遍有想嫁給小虎隊或紅孩兒或林志穎的念頭，啊嗯勾*哇奔郎*超硬頸，從沒迷戀過偶像。前陣子看到日本師奶們為了言承旭來台追星，覺得她們真是瘋了啊。可最近不知道為什麼，開始覺得電視上皮膚白皙的小伙子好帥，內心有時會湧出追星的衝動。幸好鄙人最近的心頭好是電影《窒愛》裡的小叔，屬於不太容易追到的那種，不然不可避免要去西門町參加什麼簽名會了吧，我去西門町可是會拉高平均年齡層的啊啊啊～

說到這不能不提一下克萊兒，她以前從不看任何偶像劇，可是變成師奶後有天突然為吳尊瘋狂，有時想約她她會說：「不行，今天有吳尊的戲我要回去看。」甚至動用關係去當吳尊簽名會的工作人員。有陣子吳尊新戲上檔她沒看，我以為她成熟惹*，結果她回答：「我沒辦法看到吳尊跟別人談戀愛。」真踏馬的*成熟啊～

症狀五：看到青春的肉體很感嘆

很久很久以前，Michael Jackson還活跳跳的在舞台上抓下體啊嗚時，拎北*的肌膚也很緊緻啊……（煙）最近看到以前的照片，就算臉很腫打扮很像動力火車，還是會覺得好可愛啊～尤其是公司有年輕的新進女同事，大家在驚呼：「哇～八年級生耶！」就會想到當年老娘也是全公司最年輕的女性（遠

目）。沒想到雞罵＊八年級生也投入就業市場了，如果當年努力些，我都可以生出這麼大的孩子了……（遠目＋煙）

症狀六：不在乎是否走在時代尖端

以前去KT威＊只看新進歌曲區，曾幾何時，我跟裡面的歌再也不熟惹＊，開始喜歡懷舊老歌，有天還和朋友舉辦老歌之夜，唱到王馨平周慧敏七匹狼之類的就好亢奮。發現《天龍特攻隊》（沒有一點年紀的人不知道吧）重拍成電影就默默哼它的主題曲哼了一天，滿心都是小白、泥巴和嘯狼（三十歲以下的人不會知道的），還會加碼想到「霹靂車，尖端科技的結晶。霹靂遊俠李麥克，是個英勇的自由鬥士」……等等，啊嗯勾＊剛發生的事卻怎麼想都想不起來……（抓頭）

症狀七：心神逐漸渙散

其實我年輕時就有這個症頭＊，最近好像變本加厲了——在MSN上看到朋友，很常敲出「最近有件事要告訴你，可一看到你就忘了」這種字句。最近還花生＊了可怕的事，就是在用棉條時忘了把最上面的塑膠套拿下來，兩次！！幸好沒掉在裡面，不然就要請搜救大隊去搜了。（不過棉條會變成傘狀很促咪＊哦～）

症狀八：變得多愁善感

最近看《夜市人生》時每每看到高齡的陳美鳳孩子才念國小心頭就會一緊，想說我老了也會醬＊吧，要高齡牽著小小孩去上學，運動會時還要跟孩子跑兩人三腳，跑到終線身子骨受不住都吐血了。然後前兩天我打開電視發現小孩長大柳＊，他們在念國小時就有錯綜複雜的三角戀情（！），二十年過去還是維持原本的感情線真不容易，想到痣己＊情路波折沒法遇到這麼專一的

宅女小紅　15

人，又不禁傷感起來。

說到這，有天看到友人史奴比的FB狀態寫：「很久沒看電視，發現《夜市人生》已經過二十年了，啊不就二〇三〇年，怎麼沒演搬到外太空？」覺得挺有道理，都二〇三〇年了他們怎麼還在騎腳踏車啦！

老年人嘴比較碎，寫著寫著字數太多，看來只好草率的結尾惹*。祝大家老當益壯蛤*～（人老果然臉皮厚，文章結尾如此草率也不在乎了……）

面對老化症頭*的KNOW-HOW

1　進出市場勿驚慌，並且記得要殺價。

2　記不起昨天的事很正常，不用過分自責。

3　就算看國高中生很不順眼也千萬不能講粗乃*，不然會被發現是老人。

4　不要像年輕時那麼隨心所欲的跳躍，因為骨頭很脆容易出事兒！

生理衛生（2）

人生的紅色警戒區

最近看到一則蓄意造成中年婦女焦慮及社會恐慌的新聞：「根據蘇格蘭學術機構的研究發現，女人一旦超過三十歲，卵巢裡的卵子將只剩下百分之十，超過四十歲後更只剩下百分之三，而且是永遠消失。如果有生育打算的夫妻，最好提早計畫，以免錯失黃金時間。」到底是想嚇唬誰啊?! 身為未著床*界的代表（誰選的?），拎北*走過的橋比你走過的路還多，想恫嚇老娘下輩子吧！就算新聞一刊出朋友立馬*轉寄給我、特別打電話通知我、隔天出門還怕我忽略特地提出來討論，讓我頓時被卵子消失事件包抄，老子還是沒在怕的啦！

大家有沒有發現，幾乎每隔一陣子就會出現這種恐嚇中年女子的調查報告，有時是說生不出孩子，有時是說生理機能下降會變胖長斑，有時是說就算僥倖懷孕，生下來的孩子也不比二十多歲小妞們生下來的聰明靈巧……彷彿年紀大嫁不掉還不夠稀微*，一定要再找些更慘的事讓我們人生跌到谷底才開心。而且我明明記得以前這種生產新聞都是在嚇三十四歲以上的女子（←超過這門檻社會上給我們一個專有名詞叫高齡產婦），怎麼現在又往前推了，根本是存心不讓我們多安樂幾年嘛！我們的卵子已經夠少了，再被嚇唬兩下，僅存的兩、三隻恐怕就這樣沒了吧。

實不相瞞，以前的我（準確的說是五年前的我）看到這種報導後會仔細研究，做出一張EXCEL表格，詳列如果三十歲要生那麼哪一年要著床*，如果那一年要著床*那麼幾時該結婚，一路往前推到戀愛要談兩年才論及婚嫁，

最後算出一個時間表，列印出來護貝放在皮夾裡或黏在悠遊卡背面，每天提醒自己已經接近人生的紅色警戒區，看到公的就要撲倒拖回家勿枉勿縱，免得一時大意造成終生遺憾。可是自從那個年齡一過，發現人生無法按照計畫進行也只好認了，不然還能怎麼辦呢？（兩手一攤）

曾經接受一個訪問，主題是「超過適婚年齡的單身中年女子（踏馬的＊就是我啊啊啊～）對於找對象的看法」。對方說他們採訪了婚友社，發現熟齡女性促銷擇偶的條件糾干單ㄟ＊，通常只期望對方不矮就好。但是男性不管老到什麼程度，擇偶條件都是「年輕漂亮」，真是美見小＊！想想這個世界真是太不公平了，男人老了弱了還有得補而且對於進補毫不羞怯，滿街的壯陽廣告甚至試圖以「這樣才會幸福快樂」引導女性幫另一半補精益氣，彷彿我們的快樂是建築在晚上有沒有性交一樣，自己的卵沒了卻沒有任何方法補強，只能兩手一攤認了，任憑男人以「三十歲以上不太會生」這個理由越級去找小女生。單身熟齡女子又要上班又要保養又要找對象，壓力已經夠大了，為什麼還要被這種研究報告驚嚇，我們又沒做什麼壞事只是沒著床＊而已啊啊啊～（左手背拍右手心）同是天涯中年人的女性朋友千萬不要被這個新聞打倒了，想想吳淡如吧，希望在人間蛤＊～（握拳）

最後釋放一個利多的消息好了。之前和朋友去算命，算命師說我的命格很容易懷孕（有人命帶桃花，拎北＊命帶妊娠就是了），語重心長的對我說：「妳如果不想懷孕可千千萬萬要認真避孕啊，不然恐怕會生產無了時＊。」所以，電視機前想要子孫滿堂的小開們請不要放棄我（和我的子宮）啊！

面對人生紅色警戒區的KNOW-HOW

1　不要在乎學者專家的恐嚇，壓力對事情沒有幫助。

2　中年女子很弱勢，生了孩子是黃臉婆、嫁不出去是敗犬、嫁出去沒生孩子是高齡產婦，所以要對自己好一點。

3　一次中出＊一個機會，夜深了，快點回家中出＊吧～

生理衛生（3）

別再自責了，因為妳值得

日前看到「英國每日郵報報導，心理學家針對四百五十名十八歲至五十歲的女性做了一份線上調查，發現她們每月經期來潮前，會花費逾二百五十英鎊（約台幣一萬兩千元）衝動購物。這項研究首度建立購物與女性荷爾蒙變化之間的關聯，當她們最有可能飽受經前壓力所苦時，也就是非計畫性購買奢侈品的高峰」這則新聞時真是點頭如搗蒜哪！我想男生應該沒辦法了解，我們女孩從發育後到停經前的人生，總是被生理期左右這件事吧。

據說生育期的女生，有七成到九成都跟經前症候群持續糾葛。鄙人年輕時可能是條漢子，又或是體質比較不敏感，從未發現人類在生理期前夕人生觀會跟平常不太一樣。以前姨媽總是悄然來到，上廁所時發現她老人家已經翹著二郎腿坐在我家客廳才想縮＊：「哦～時候到了啊。」然後默默的去準備衛生棉安捏＊。可素＊當年紀漸長（約莫是二十八歲開始，我想那就是俗稱的人生的坎站＊吧），我發現姨媽會用很多方法通知她即將登門造訪給咱們一點心理準備，就是很大牌要我們傳＊好衛生棉，在陽台上恭迎她到來這樣。

不知道大家有些什麼症狀，我個人是會在差不多一星期前變得很悲觀，一點點小事也能讓我思考起人生的意義。以前朋友說她在姨媽來前很善感，走在路上看到媽媽牽著小孩，會想到孤零零的自己不知何時才能結婚生子，然後就悲從中來眼眶溼溼；下雨天坐在公車上，看著窗外的雨滴也會覺得好像悲己＊的心情，跟著流下兩行清淚。彼當時＊哇奔郎＊還沒到達人生的坎站＊，

覺得妳踏馬的*真是個瘋婆子！但是年紀一到，發現自己也有這種症狀——有天看到公車電視在放公益廣告，大意是藝人在教喜憨兒畫畫，這段影片每天坐公車看了七七四十九次了吧，但那天看著看著竟然感動到哭。在大庭廣眾之下這樣莫名哭了粗乃*，路人應該以為我被男朋友甩了吧，拎北*可是看《魯冰花》(三十歲以下的孩子們應該不難道*吼)和《送行者》都面無表情的冷血婦人哪！那天回家後冷靜想想覺得事有蹊蹺，果然隔沒幾天那傢伙就來惹*。還有一次是在路上看到捕狗大隊的車子，貨車後的大籠子裡有隻小黃狗，我就在籠外跟小黃對看然後莫名的哭泣，也許還跟牠講了些話吧。現在想想，小黃會不會也覺得遇到蕭婆*了？好想跟牠縮*其實我不瘋，只是月經快來了啊啊啊。(淚崩)

在下還曾在經前症候群作祟之下，幹過一票大的。

話說很久很久以前，有次在姨媽快來時跟朋友抬槓，就是那種女生習慣性的互相抱怨男朋友的聚會。那天友人左一個說妳男友這樣不行、右一個說這男人太糟糕了，被兩人左右夾攻，回家越想越悲傷，想縮*再繼續下去遲早會被男友照三餐打，或是餵毒後推下海賣淫吧(其實我只是抱怨他禮拜天不想跟我約會而已)，就在萬念俱灰之下提出分手。隔了幾天姨媽來訪，心境突然海闊天空，才發現男友莫名奇妙沒有了那ㄟ安捏*，更可恨的是我朋友一個男友劈腿、另一個個性不合到極點，她們都沒分卻力勸我分是怎麼一回事啊，這個世界還有天理存在嗎？(左手背拍右手心)

回到新聞上(跳一下*)。

它說女生那個來之前會買興大發，這點我倒沒發生過，可能是因為拎北*是窮到鬼都怕的房貸奴吧，所以只有腰痠背痛肩頸痠痛思想灰暗及失眠和排便量銳減的症狀(一口氣說完都快斷氣了，好像不能叫「只有」吼)，而且也不過那兩、三天，牙一咬就過去了。啊嗯勾*年紀大了身體在退化，被經前症候群占據的時間有拉長的跡象，漸漸從兩、三天到一星期，有時還會拉長至

兩星期。兩星期的前戲加上一星期的姨媽來訪，感覺這一世人*都在跟她纏鬥，直到停經伊擠肛*方能劃下句點太悲哀了，然後更年期緊接著來到……女人實在太苦命，怪不得要狂買東西減壓啊～

姊姊妹妹別再為敗家自責了，快按下立即購吧，因為妳值得！

常保戀情和諧的 KNOW-HOW

1　女伴生理期前一星期最好離她遠一點。

2　離她遠一點還不夠，最好留一大筆錢在桌上讓她去買東西。

3　就算停經了脾氣也不見得會比較好。

4　女孩子的心情會受到無形事物影響，請多給予支持體諒和愛～

生理衛生（4）

小姨媽初體驗

不知道大家有沒有聽過，市面上有個挺冷門的東西叫作「月亮杯」，號稱是棉條的替代品，是一個軟塑膠杯狀的東西，把它塞入下面接收經血，滿了就拿出來倒掉洗乾淨，再塞回去重複使用，是下體界的環保小尖兵來著。前陣子朋友從香港買了月亮杯回來送我，雖然身為下體女作家（扶眼鏡）本該不落人後實驗各項下體產品，但是要用那裡含著一杯東西走來走去，鄙人還真的不太有把握，始終處於想試用卻總在電光石火的摸們*退卻的狀態。直到後來和棉條歃血為盟（←非形容詞），慢慢習慣在下面塞東西的感節*（擔藍*不是乒乓球類的東西），便挑了個好日子來企跨賣*。

我用的這個是小姨媽牌，拿出來會發現它大得很驚人，差不多有麥當勞的兒童果汁杯那麼大吧，是個像手環的橡皮環下面接一個透明的袋子，袋子有個凸起的頭這樣。這麼形容大家可能不清楚，那麼不妨幻想一下，林旺如果有在使用保＊套的話，看起來應該就像這個杯子吧。（做出這個比喻之後我腦中一直有林旺半夜狂奔出去買保險＊，馬蘭在山洞裡等牠的畫面……）要把拿模*大一個東西塞在那裡，感覺很不可思議啊！我深呼吸了一下，把手洗乾淨，沉澱心情坐在馬桶上，跟它對看了很多下，終於提起勇氣把它推進孫體*裡（羞）。

其實它沒想像中難置入，照著說明書一下就放進去柳*。但是上面教的是把圓橡皮環壓扁放進去，它自己並不會在裡面變換姿勢，會按照進去的角度一直平躺著，感覺休誇*怪怪很沒安全感。有在使用棉條的朋友應該知道，如

果塞得太門口會有點卡卡的，要推到裡面才舒適，所以我習慣性的一直把它往裡推，後來想到棉條因為有根繩子，就算讓它頂到肺，一拉那條線它也會乖乖出來。可是月亮杯沒有線，塞得太裡面就像斷了線的風箏，到時要去找醫生取出我還要做人嗎？（左手背拍右手心）想著想著很不安的把它拖出來一點，但太靠門口又擔心萬一走著走著突然被蔡依林附身，旋轉跳躍我閉著眼，月亮杯一個站不穩滑出來可怎麼辦？只好再把它推進去一點，然後忍不住一直去勾勾看有沒有推到搆不著的地荒*……

接下來十分鐘我就坐在馬桶上跟月亮杯進行十八相送，送走又拉回來送走又拉回來，在該處進進出出的好生忙碌，終於發現這樣很愚蠢才停止這個行為。最後我把它放在很門口的地方，就是如果被蔡依林附身（我真的常常被她附身哪）在街上做出朝天一字馬的動作，旁邊的觀眾應該會看到它探出頭來這麼門口，就壯士斷腕般的出門了。

用了一下午，我覺得它比棉條還舒適，就算在很門口也不會有含著一個東西的感節*。取出時並不是搖搖晃晃的一杯血，比較像喝完濃稠番茄汁之後杯壁上留有一些液體那樣。清洗時有種德州電鋸殺人狂剛出完任務在洗手準備吃飯的氛圍，洗完後好想用威猛先生將洗手台大洗特洗一番。其實，中途我有漏一點點出來，它的漏法跟棉條不同，棉條會慢慢滲出，比較不會對人類造成危害，但月亮杯漏了會像水庫洩洪那樣豪邁奔騰，讓人比較心慌。不過，如果跟它熟一點，應該就知道怎麼擺放咔*安心吧。

下體女作家的小姨媽初體驗報告結束，謝謝大家～（鞠躬）

跟姨媽相處的KNOW-HOW

1　喝一點李什麼珍加了鐵的四物飲（顯示為劉嘉玲附身）。

2　丟衛生棉的時候要包好，讓路人看見血淋淋的畫面很害羞。

3　千萬別像廣告裡的小女生，姨媽來時還故意穿白短褲一直跳，姨媽會被跳出來的。

4　不要在公用洗手台清洗月亮杯，不然很像殺了人正在洗凶器警察會來哦～

生理衛生（5）

菜花菜花滿天下

?! 我這人有毛病，閒暇之餘特愛看一些潰爛器官的照片，每次去醫院都會在那些恐嚇人的疾病宣傳海報前駐足，久久不忍離去，所以變得跟菜花很熟。有多熟？比公司同事還要熟。所以當我看到「高雄一名單身女子最近發現耳朵奇癢無比，醫師一看竟然發現她的耳道口長滿菜花，原來她有用指甲、甚至筆套掏耳朵的習慣，可能因此接觸到而被傳染」的新聞後，著實慌了一下，原來菜花是這麼容易得到的啊～

多半是看了什麼新聞得來的啟示，小時候一直覺得貿然去洗溫泉會染上性病，對於泡大眾池這件事總持保留態度。有一次情非得已泡了，從頭到尾都很不安，疑心池底有滑滑的不明物體，自始至終維持一個蹲姿不敢直接坐下去，免得不小心坐到什麼怪怪的病毒讓下面開花。依稀記得前前前陣子也有個新聞是說有個明明沒有性生活的上班族竟染上菜花，追查後才知道是經由滑鼠傳染，也就是說某同事得了性病，上班時忍不住對患部撓了一下癢央＊，然後又用那隻手去按滑鼠，那名衰八＊（又無性生活）的苦主接著用了該鼠，用完後又不免抓了一下陰部，於是就感染了這個病。這個新聞也讓我害怕了好一陣子，更納悶的是，那間公司的人為何老愛在扇班＊時抓下體捏＊？

我還看過一個更倒楣的事件，因為年代久遠，現在怎麼找也找不到來源了。跟朋友說了之後他們都指控我胡扯，說是我編造出來的。在此就把這件事寫出來讓讀者們評斷一下，看看世上是不是真的可能發生這種事。

很久很久以前，有個夭壽＊的人在公廁打手＊，把那個東西噴到馬桶蓋上也

不清一下就走人（台灣無法加入世界衛生組織應該是他害的吧），結果有位少女棒溜*時不小心沾到，那玩意兒就從大腿一路爬爬爬，越過千山萬水去著床*了。清白的少女怎麼也沒想到只是在瓦靠*棒了一個溜，人生就從此改變了……

當初看到這個新聞我震驚了好一陣子，除了上公廁時罩子*都放很亮之外，也不停思考著那個東西為什麼會長途跋涉，還幻想如果弄一灘在桌上，隔天會不會往前移動兩公分。之前有個朋友也遇到同樣懸疑的問題，有天她打翻了酵母菌，留了一些粉狀物在地上，隔天一進廚房不得了，那些粉狀物很多都跑到牆上了，從此她覺得酵母有長腳，跟我認知裡的那個東西是一樣的——有長腳而且很會跑。不過我覺得酵母會走比較可疑，如果它真的拿模*愛趴趴走管不住自己，雜貨店的老闆不是很傷腦筋嗎？

寫到這發現離題離很大，回到菜花上（跳一下*）。

不，回到挖耳朵上好了。

鄙人是那種耳朵一癢起來就沒辦法專心的人，而且聽說我弟的同學因為耳屎太多導致聽力減弱，去找醫生挖出一大球後才恢復聽覺的故事後，就更愛清耳垢了，往往癢央*難耐就在桌上亂抓東西掏，隨便什麼迴紋針筆蓋棉花棒之類長長的物體都可以拿來在耳朵內通一通（感覺好像孫悟空啊）。看過這個新聞之後，我再也不敢這樣做了。

最後提醒大家，世界末日快到了傳染病變多，個人衛生愛字意蛤*～

永保安康的KNOW-HOW

1 別人的東西不要碰，誰知道他有沒有在褲襠撓癢央*。

2 公廁馬桶坐不得，誰知道前一個人有沒有在裡面打手*。

3 菜花挺容易得的，所以不要再嘲笑得菜花的人了啊～

生理衛生（6）

泳池便意濃

!? 以前我是不太去游泳池的，一方面是哇奔郎＊拒絕從事會曝露胴體的
活動，若是大腿跟乳暈一定要選一個給人看（為什麼？），我寧可選
擇後者；另一方面是曾經對泳池消毒水過敏，泡了一下結果臉上長滿白癬，
所以對那個地方很忌憚。後來因為失戀導致失心瘋發作，花大錢加入現已倒
閉的亞力山大，想縮＊一定要把每個設施都用遍才不會對不起我的窮酸魂，
於是在睽違十幾年後，終於再度進入泳池中。

亞力山大的游泳池分成兩區，一個是大人池一個是小孩池，小孩池裡都是小
孩和菲傭。是說我自己來都有點捨不得了，竟然還有人幫菲傭辦會員方便她
們帶小孩，真是朱門酒肉臭啊（離題）。我常看著小孩池心想那個地方必定
是尿尿天堂，雖然不是溫水游泳池但水八成是熱的吧，因為小孩子一定不可
能特別起身去廁所小便，所以那個池子千萬碰不得啊！此外，世界上總有些
泳技比較好的小朋友會越級來大人池游泳，只要這邊的小孩一多我也不太愛
游了。

本人行事這麼小心，照理說應該能駛得萬年船才是（撫鬚），直到今天看到
這個新聞：「根據美國一項調查，每五人就有一人承認會在泳池裡小便，要
是游泳時嘴巴沒閉緊，不小心吞下這些不乾淨的水，可能就會造成腸胃不舒
服，甚至是大腸桿菌感染。」才知道原來成年人也會在泳池棒溜＊，這命運的
糾纏怎麼躲都躲不過啊～（登楞＊）

令我好奇的是，尿尿時原先的動作要停擺嗎？還是可以一邊優雅的游著自由

式一邊不著痕跡的放粗乃＊？可是腳不站到地上可以自在的小便嗎？醬＊不會感覺很不踏實嗎？就算才華洋溢可以邊游邊尿好了（←總覺得這個技能可以寫在履歷表的專長欄了），不免還是要擔心那股暖流會熱到旁人而露了餡兒，總之這招實在太險了呀。

同樣是游泳棒溜＊，場景換到海邊感覺比較可以原諒。畢竟海水是活水，尿出來應該會馬上飄到外海（才不是），加上海邊廁所普遍比較遠或根本沒廁所，就地放一下尿好像還算情有可原。之前我參觀過一年一度的泳界盛事「泳渡日月潭活動」，時間總計兩個多小時（吧），事前聽說水會又熱又鹹總之整潭都是尿，目的應該是為了激發選手們的求勝心，不想被（別人的）尿醃太久醃到入味的人都會努力往前划，展現出力爭上游的爆發力。那時我不太相信，因為時間不算長，成年人不至於凍北條＊吧，才兩、三個小時忍一下就海闊天空了不是嗎？後來聽朋友說也許是一大清早水又很冷的關係，還真的管不太住痣己＊的尿意，他個人就貢獻了三泡之多。要是人人都這樣，日月潭的水位都要高一格了吧。

對了，游泳時難免會喝到一些水嘛，那天友人很衰，喝到一口味道極濃極重的。他研判要不是前方有馬在小便，就是有人為了省力，故意存了很久再使勁兒噴發出來，想要一舉推進到對岸安捏＊。

看了這麼長一篇，大家應該多少覺得身邊有股悠然的尿騷味吧，最後為了平衡報導，就跟讀者分享一個水中大便的新知好了（更髒柳＊）。

以前我一直覺得低調的大在水裡（此處是指海裡或溪裡，絕對不是游泳池）應該不會被發現，畢竟我們平常在廁所時，不也是會沉到馬桶水裡嗎？（除非前一天吃火鍋，排泄量就有可能多到疊上岸，但這不在討論範圍內。）啊嗯勾＊我就有在溪邊烤肉時看到上游飄來排泄物的經驗，原本以為是那人身體比較虛連那個也很空心所以浮起來了，後來朋友說他也曾經在海邊忍不住偷大號，故意游到外海大完以為神不知鬼不覺，結果一回頭看到痣己＊的屎

竟然很輕盈一朵朵浮在他身邊，雖然在海裡感覺有洗過澡比較不髒但還是會背脊一涼，被人看到和自己的屎一起游泳還要做人嗎？

推開實驗室大門——

實驗證明，大便都有練過水母飄，在水裡棒溜*還好，千萬嗯湯*棒賽*啊啊啊啊啊～

在泳池明哲保身的KNOW-HOW

1 不要游在小孩後面。

2 不要張開嘴巴。

3 感覺附近一陣暖流來襲請立馬*上岸。

4 萬一不幸躲不過，自己也尿一泡比較不吃虧。

生理衛生（7）

瓦靠*呷奔*愛字意*

曾經吃過一家江湖傳言非常難訂位的餐廳，據說預約之後要等半年才吃得。但我很懷疑過了半年誰還會記得要去報到，這種做法實在非常傷害老人家的腦力啊。

說到訂位我要先離題一下。有個好友最近在一家知名剪髮公司扇班*，該店也是出了名的難約，絕對約不到三個月內的空檔。如果你心一橫想縮*拎北*就約三個月後沒在怕的，櫃台小姐又會很甜美的說「不好意思我們不接受三個月後的預約哦下次請早點打」然後就掛電話惹*，各位說說看這樣會不會起肚爛*想去潑糞發洩一下。

回到餐廳上（跳一下*）。

為了對餐廳表示敬意，想縮*難得有機會吃到一定要吃在刀口上，友人KY事前查了一下最優菜色，小心的把名菜抄在紙上折好放在皮夾中，晚上睡到一半搞不好還爬起來檢查看它還在不在這樣。我們對它這麼尊敬沒想到真心換絕情，同桌有人吃著吃著，竟然在吃某某魚時咬到一塊厚厚的塑膠片！我們把它放在盤子上思考要不要跟老闆說，我個人覺得極可能是魚自己亂吃東西，不該一味的把錯怪到老闆頭上，就像小孩混黑道也不該全怪朋友帶壞啊！可是在這麼一家難得進來的店裡，吃到有點危險的東西非常值得上演拍桌大喊「叫你們經理出來！」的戲碼不是嗎？加上想起以前友人去必勝客，吃到剩一片時發現上面有蟑螂腿，跟店家反應後立馬*得到一個全新PIZZA的故事，便覺得適當的客訴搞不好能獲得一盤豆苗蝦仁之類的。時機歹敗*

宅女小紅　29

能省就要省，於是我們很禮貌的跟服務生說了這件事。對方拿起盤子看了一下沒說出任何道歉的話就雲淡風清的走了，十分鐘後雲淡風輕的回來說：「這桌少了個盤子是吧？」丟了個盤子在桌上，然後又像雲一樣被風吹走了，好似剛剛被外星人抓去做實驗導致之前的記憶都消失了這樣。

說到這，讓我想到某次去一家小店吃麵，東西一來我挖了一大勺辣椒進去，想追加第二勺的時陣*，花現*辣椒罐裡有一根看起來很不祥的鬚鬚，搜救小組（丟係*哇奔郎*啦）順著鬚鬚打撈出一具蟑螂的全屍。我很客氣的跟老闆咬了一下耳朵請他換一碗給我，老闆卻回答：「啊這個已經被高溫殺菌過了，沒關係啦！」眼看理性的訴求沒用，拎北*只好拎著屍骨未寒的嘎抓*給其他客人看，老闆這下才終於屈服。

走筆至此，諸君是否覺得瓦靠*ㄟ*食物不乾淨，在家吃最安心呢？錯！俗話說「最危險的地方就是最安全的地方」，這句話反著說也是成立的。因為我常在家吃到家母美雲女士的頭髮，過年時也偶爾會咬到老木*為了吉祥如意而包進水餃的一塊錢銅板（咬下去牙好痠哪）。印象最深的則是有一次在家吃飯，吃著吃著有點作噁，原來是有條菠菜葉子被我吞了，梗卻如同留戀人世般的還停在筷子上。我把它整條拉出來之後發現好長，剛才導遊小姐想必已經介紹到「現在大家往左右兩邊瞧，會看到肺部」了吧，然後一陣反胃好想吐。事後我問老木*為何不把菜切短一點，她說主婦們為了追求一個利嗦*都是折一折就丟進鍋裡，沒人在切菜的啦！大家評評理，真的是這樣嗎？

最後，跟大家分享一個對人生很有幫助的觀念。

有次本人打包了知名火鍋店的鍋底回家，一開始先撈到兩根長髮，想縮*會不會是自己的（其實不太可能，因為我頭髮綁著），吃到最後赫然發現裡面有根意味不明的捲毛，而這絕對不可能是我的，因為那陣子鄙人的那裡可是蓄著小平頭啊！毛糾竟*是怎麼來的呢？傳照片給吾友老頭看，他也覺得根據粗細和捲度是該處體毛沒錯，研判是廚師一邊做菜一邊打手*，還說這麼

難得的機會被我遇到真是太幸運了，是老天爺的SIGN應該快去買樂透。一時之間，我的情緒從肚爛*轉為滿心歡暢，這就是正面思考的力量吧，大家要學起來啊。

吃到怪東西之後依然海闊天空的KNOW-HOW

1　默念「不乾不淨吃了沒病」。

2　微笑說聲「C'est La Vie」。（法文感覺比較超脫）

3　我喝過蟑螂蚱蜢湯、吃過陰毛鍋底及鴨子食道裡的小米也沒事，可見怪東西不致命。

4　大飯店的廚房裡也有老鼠啊！貓屎咖啡都有人喝了是不？

史上最值得宣導的事

⁉️☺ 　一直以來我常思考一件事：男生為什麼不能坐著尿尿呢？原本以為這是會讓他們覺得自尊敗壞，可關起門來誰知道你是坐著棒溜＊沒那麼嚴重吧。我在部落格提出這個問題，結果網友回覆「坐著不只心理，連生理上也不酥湖＊，一來要把老二折進馬桶，二來它離馬桶太近有時不小心會碰到，第三這樣近距離發射尿會濺起來噴到自己」，反正怎麼說怎麼不好。但是老二（平常）明明是坨扶不上牆的爛泥啊，哪有折不折這回事兒；就算它那時剛好不軟爛（這樣能尿嗎……），也是從根部往下壓，又不是叫你像吃百吉棒棒冰釀＊對折，一折就斷掉（因為硬到頂點就脆了）。總之，我覺得男生坐著尿尿真是一項值得推廣的美德，也許是因為我交往過小便總是會滴到瓦靠＊的男人吧……（遠目＋輕吐煙圈）

男生尿尿之所以亂滴，我想其中必然有不可抗力的因素，就像用水管澆花突然關水時還會繼續滴個幾滴，這幾滴因為沒有壓力了射程比較不遠，所以會軟弱的滴在腳邊。小時候媽媽總叮嚀我們上完廁所馬桶蓋要掀起來，只為了讓老北＊和我弟棒溜＊時不會尿到馬桶蓋上害我們坐到，心中不免覺得男生應該自己掀蓋或管理好疵己＊的尿啊，都成年人了這種事還要別人來注意不覺得害羞嗎？！

長大後交了男友，一開始這件事也不太困擾我，因為他們都在自己家尿尿，就算到處亂滴害自己踩到滑一跤頭部因此撞到流理台去縫了七針又與我何干？但自從買房子之後，增加了男人在我家尿尿的機會，拎北＊就恨透了馬

用過小姨媽 妳會愛上它

悶熱OUT！ NO MORE翅膀磨該冰

今天起 小姨媽月亮杯是您血崩時的好伴侶

沒有尿漬 我愛上他了

馬桶邊沒有尿漬 我知道 他為了我坐著小便
男性坐著小便可減少環境汙染 照顧家人健康又節能減碳

桶邊緣和地上的尿漬，雖然這個年代的男生普遍會掀馬桶蓋了不至於讓我坐到，但家裡有尿滴還是讓我美送美送美送*！啊嗯勾*這種事又不好意思說，只好等到男友上完廁所再默默潛進去擦。

私以為擔心地上有尿跟晚上睡覺時旁邊的人會打呼一樣，都是一種精神上的折磨。打呼就認了，睡著時的行為太難控制不然能怎麼辦？可是坐著尿尿並不難，試一下又何妨？我問阿寶如果妳的老公坐著尿尿妳會覺得他很娘嗎，她縮*她會不動聲色但在廁所外面按個讚，因為這真是超溫馨又體貼的行為啊～換個角度來說，如果我在馬桶邊滴了經血，男生們看到也會超不舒服的吧。

有一天我跟不願具名的男性友人在MSN上討論了這個話題——

我：你在家會坐著尿尿嗎？

他：本來不會，後來發現很好使力，現在偶爾會。

我：什麼是很好使力？

他：就是方便省事呀。站著小便一不小心會尿到外面，尤其是剛起床睡意還沒走的時候。坐著的話，眼睛就可以繼續閉著保持睡著的感覺又不會亂滴。

我：好精闢！

他：對呀～這是我精心研發出來的！而且一定要反著坐喔，不然還是會尿到外面。

我：所以你就像在騎馬一樣，真是大漠男兒。

他：嗯，就是騎馬的姿勢，不過手上不是馬鞭。

我：是你自己的鞭，你真是鞭麵！！（註：蝙蝠俠ㄟ*意屬*）

希望電視機前的男性朋友們都能效法一下，自己在家試試看，如果能夠養成這個好習慣，相信女朋友會更愛你的。

還有，如果你硬要說坐著小便違反生理機能不符合人體工學的話，把女生的身體對折也違反生理機能啊，你們還不是折得不亦樂乎，邊折還邊這個有時連那個也做了，回去好好檢討一下吧！（甩門）

讓他坐著尿尿的KNOW-HOW

1　有意無意的透露某鐵漢（例：布魯斯威利或阿諾史瓦辛格）坐著尿尿的事（以無法求證的對象為佳）。

2　趁著生病時虛弱的跪著洗馬桶，洗到一半咳出血來最好，藉此勾起另一半反省的心情。

3　如果他坐著尿尿要予以鼓勵，例如穿上吊帶襪之類他喜番＊的配件給他驚喜。

4　承諾不會把這件事告訴別人，是你們兩人之間的小祕密（噓）。

生理衛生（9）

就肛溫＊咧

每年到了父親節我都會煩惱一下下，因為父親禮的選項不比母親禮多，而且要送禮物給男生很難，挑來挑去要嘛很爛要嘛很貴，常常貴到讓我心頭一緊打兩個哆嗦最後就以乾脆不送收場。我真的很可恥，電視機前的小朋友請不要學習啊！（羞）

直到有天看見這個新聞：「現代人在忙碌的工作中，痔瘡已是常見的一種文明病，辛苦的爸爸每天都為家人打拚，卻不一定有時間好好照顧自己的身體，痔瘡雖然不是很嚴重的疾病，卻也會對生活帶來不小困擾。跟健康有關的禮物，從前些年流行的雞精、按摩椅，業者表示，今年倒是有許多消費者送電腦馬桶座給父親當禮物。」這才知道原來免治馬桶是最流行的父親節禮物首選。

其實我人生中有段時期對免治馬桶相當著迷，但一直以為這東西一買就是一組，也就是要把家裡的馬桶摘了換一整座這樣，少說也要花個幾十萬，而且施工期很長，必須忍受幾天家裡沒馬桶用、便意無處宣洩的窘況。後來才知道原來可以只買上面的座子，於是某年許下了生日願望，希望得到一個免治馬桶座。

會和它結緣是在日本，我猜這是一個人民都不喜歡自己器＊卡稱＊的國家，不管走到哪兒，從機場到百貨公司到路邊的小小麵店，免治馬桶都是廁所的標準配備，放眼望去看不到幾個簡配的馬桶。那時我覺得阿本仔＊很怪，連擦屁股這麼私人的事都要委託機器代勞，未免太懶了點兒，況且沒有靈魂的

馬桶做得來嗎？本來對它很排斥，除了生性多疑不信任機器之外，還因為鄙人一向對屁股有所保留，誰都不能亂動，就像「我身～在這裡，長～在這裡，這裡是我滴˙國哦家」那首歌一樣，誰都不能欺侮它（扯遠了）。

後來禁不起朋友慫恿用了一下，這一用驚為天人，它真的太太太聰明了，是國小畢業就被NASA網羅去當太空人那種聰明法啊！除了座墊本身永遠保持溫熱、熱情的等著和您的屁股相逢外（跟一坐下去發現被前一個人坐熱的感節˙差很多），用溫水洗淨烘乾，能讓剛剅完賽˙的您感受到前所未有的身心靈潔淨。不得不說那水柱瞄準菊花的功力真是一絕，就像飛彈輸入座標衛星定位成功那樣，明明水柱很細，卻能準確噴射到月工˙處，準得讓人覺得裡面藏了一個神槍手（恐怖額˙）。我有想過會不會是碰巧哇奔郎˙的月工˙位置剛好符合國家標準（如果國家有訂定這種標準的話），於是訪問了很多人，得到的結論是那玩意兒真的可以不偏不倚直搗黃龍，能夠滿足世界上大大小小前前後後亂長一通的肛門，真是太神了太神了啊～裡面八成有高科技的紅外線偵測屁眼裝置吧。

寫到這兒差點要手刀˙出門採購馬桶座了，讓家父擁有時下最流行的父親節禮物，每天享受漫步雲端的排便體驗。千鈞一髮之際，我又看到一個電視新聞，表示今年最夯的父親節禮物就是送爸爸去做一個微整型「吼老杯ㄆㄚ幾雷˙」這樣。

就在這個摸們˙，我有如五雷轟頂、思緒變得無比清晰──原來，這些新聞中所謂最棒的禮物，根本就是廠商的置入性行銷，新聞都被買通了還弄得跟真的一樣，差點就被騙了，心裡一陣涼颼颼的啊（披大衣）。

既然說到便溺這件事，不如順便說一下大陸的廁所好了。

很多年前我去大陸時發現那裡的廁所很可怕，髒就算了大家還不關門，就算關了常常也是虛掩著。我們看到門沒關一定以為裡面沒人嘛，結果一推開就跟人四目交接尿意都嚇到縮回去惹˙。還有很多婦人會在排隊時就開始脫下

半身，就算是看起來頗時尚的年輕女孩兒，也常常排著排著裙子就掀起來把手指插入內褲頭，窩的馬呀＊真是太豪放了啊。長住大陸的溫蒂姊縮＊工廠裡面的廁所更恐怖，是一條相通的溝渠，也就是排排站的五間廁所的馬桶都是連著的並且沒有各自的沖水裝置，是由人工定時進行沖水作業，像SOGO前面的咕咕鐘每逢整點會出來跳一個舞一樣。倒楣一點的人尿著尿著會看到我家門前有小河，一堆屎屎從前面漂過（可能還很湍急），自我感覺一定很不良好吧，一整天的心情都打壞了啊……

痔瘡不上身的KNOW-HOW

1　開水喝得夠。

2　吃高纖蔬果。

3　適當做運動。

4　定時上廁所～《夜市人生》每天播＊記消痔丸廣告，我都會背了啊啊啊）

屁涼心更涼

!? 年紀越大身體越愛找麻煩，比方說以前完全不知腰痠背痛為何物的我，最近只要電腦用久了，背就會痛到想要引火自焚，也因此漸漸養成了去給人家按摩這種貴族的習氣。

年輕時我是個對曝露身體極害羞的女孩兒，連去健身房這種大家都赤條條的地荒*都要躲起來換衣服，試穿內衣時也要鎖門不給專櫃小姐闖進來的機會。主要原因是我還知道恥字怎麼寫，這麼失敗的胴體適合出門見客嗎？年紀漸長臉皮變厚，開始不那麼介意被別人看，像是按摩有時要脫衣有時不用（彷彿是指壓和油壓的差別之類的），我就很介意小姐說今天不用脫衣服，總認為直接按在身上效果比較強，花一樣的錢怎麼能吃虧。即便是給男師傅按，也硬要脫衣把人家弄得很困擾。我是覺得沒差啦，反正背上又沒性器官，給人看一下無妨啊。

那天我一樣走進常去的按摩店，因為很擔心師傅不讓我脫衣服，所以她還在鋪床時我就很猴急的脫了上衣。那種店不是都只拉個簾子嗎，師傅一轉頭突然看到我的乳房楞了一下，趕快害羞的走出簾內。我又怕她不讓我脫褲子，立馬*火速脫到剩一條乃口*趴在床上，到底何時開始變得如此狂野哇馬嗯栽*。上身按完換下身，推到屁股時阿姨輕輕把我的內褲翻到下面。這也不是沒經歷過，但以前都只是往下拉一點，今天這位師傅卻像剝香蕉皮一樣一路剝到底，讓我整個卡稱*晾在外面。我在心中幻想了一下這個畫面，覺得不如整件脫了，卡著一條內褲不上不下好尷尬啊。

說到這，上次我和友人江姊去按摩，看到她穿丁字褲想說醬*脫下來很糗吧。她說糗是還好，問題在於師傅把褲子翻下來之後，按完會再翻回去嘛，穿正常內褲的人翻回去時有個衡量的標準，大概是內褲下緣包住屁股肉這樣，啊嗯勾*穿丁字褲的人沒得衡量，加上丁字通常不會太高腰，而阿姨都習慣把褲頭穿到腰上，所以會有被「提一下」的感節*（溫柔的阿魯巴*～阿魯巴softly～老師請下音樂），好想攪冷筍*哪～

回到按摩上（跳一下*）。

正當我覺得屁涼心更涼的摸們*，突然有男客走近的聲音，幸好隔著簾子不會被人看到，不然拎北*以後還有辦法抬頭挺胸做人嗎？但是俗話說小心駛得萬年船，我忍不住抬頭確認一下，這一看才花現*布簾根本沒拉好，左右間距三十公分開了個豪*～大一條縫。「無知的人比較快樂」這話一點也不假，早知道不要確認就不會想到就心頭糾一下了。順便恭賀一下那位男士，你看到胯下天后暨台語文壇ㄟ漂亮寶貝的胯下了啊！

按完背面師傅說要按正面，我去這麼多次還沒被按過正面說，這種有性感帶的地荒*也是可以讓人按的嗎？正在疑惑的當兒，師傅很平靜的問我要不要按奶，我心想此時若是表現出驚慌的樣子，恐怕會被笑是沒見過世面的人，所以很鎮定的回答好啊，然後心裡一直搥牆說裝什麼大方啊。揉奶療程原來就是把胸部一直往下巴推以及把它倆往中間撥這樣，比較絕的一招是用雙手把它們捧高，到達制高點再鬆手讓它們跌下來，產生像倒出布丁釀*端夭夭夭*的效果。至於感想，只能說被（同性）揉奶的經驗很微妙，主要是因為我倆臉離得很近，如果閉眼會給人太陶醉的感覺嗯湯啊嗯湯*，但睜著眼又覺得四目交接實在太尷尬，害我眼神都不知道該往哪兒擺了。原來被（同性）揉胸是這麼無助的一件事啊～

最後追加一個話題：你覺得哪種內褲被人看見很糗呢？我個人覺得透明薄紗的很丟臉，因為明明有穿，但裡面東西都會被看到而且又處*體毛還會穿刺

出來，就像裸體穿上輕便雨衣這麼羞啊。之前友人看過一個男同事蹲在地上撿東西時從褲頭冒出來的黑色紗質內褲，就覺得以後無法再跟他做朋友了。有些成年男子會在褲頭繡名字我看了也覺得好害羞，他們是當兵當久了，染上了很怕內褲被別人佔有的症頭*嗎？

去給別人按摩的KNOW-HOW

1　不要穿丁字褲去，以免造成師傅的困擾。

2　趴下之前要檢查簾子有沒有拉好。

3　不要常刮痧不然背後毛孔會粗大。

4　被按正面真的很害羞，建議大家不要輕易嘗試。

生理衛生（11）

賣勾呷啦[*]

 今天想站在一個學術的角度（扶眼鏡），來探討一下內褲一直往股溝裡鑽這個惱人的問題。

原本這件事完全不值一提，畢竟不管再煩人，只消派拇指和食指輕輕的把它勾出來，馬上就又是一條好漢了。可是這動作在大街上不好施展，通常只能默默的吃悶虧，放任卡稱[*]一直吃乃口[*]，除了全身上下無一處不矮油[*]外，還會因為把全副心神都放在股溝裡導致一事無成。難道這種現象好發於朵卡稱[*]嗎？或是內褲質料不對造成的？還是買到錯的SIZE就會安捏[*]咧？

把一條正常的內褲穿成丁字褲非常惱人，因為正常內褲布料多，走著走著越吃越多股溝也會無法承受（誰叫它要吃啊忘拔蛋[*]！）。我目前想到一個解決之道，就是改穿四角褲。可是此舉對於胖一點的朋友而言又有一個隱憂（←那個朋友是隨[*]？就素[*]拎北[*]我啦～干[*]）：大SIZE的四角內褲拿起來豪[*]～大一條，實在不應該出現在閨女的家中，畢竟跑壘跑到一半電光石火的摸們[*]讓它出來見客會非常跌股，扒下來很大一蘇[*]傳出去更會失去好名聲（如果有的話）。

依筆者的經驗判斷，分析歸納如下：

一、棉質乃口[*]最乖巧；二、市售的成套內衣褲常附的透明紗質小內褲最愛往屁縫鑽而且又處[*]體毛還會刺出來；三、歪果忍[*]系列的CK內褲後面布料少，也很容易被股溝吸進去（總覺得CK牌內褲正面和背面的布料差不多～）；四、最近流行一種無痕褲，內褲邊沒有車縫線一整個很輕薄服貼，

雖然我沒涉獵過，但一看就覺得它肯定也是走著走著就往裡面跑，光用想的都屁股癢央*想伸手去挖惹*。

除了正常內褲，前陣子還有個很妙的產品叫做C字褲，長得像個髮圈箍在下體。之前有位神祕男子在我第一本書的活動現場送了我兩條，其中一條上面有用貼鑽貼出「昂」字真是捨我其誰啊。有天晚上我閒得發慌，在家來回踱步時不巧跟它四目交接了一下，相逢自是有緣就決定試穿看看。於是在有穿內褲的狀況下又把它箍在哇ㄟ*鼠蹊部（羞奔），繞著家裡走了三圈，發現它雖然沒有緊緊抱著下體，但也不算不牢靠，如果不要一直奔跑跳躍應該不至於發生「小姐，妳東西掉了」的窘境。不過它的遮蔽空間有夠小，我量了一下，它的褲頭長在本人的肚臍以下十七公分！請大家把尺拿出來，就會發現它整個已經到底惹*。如果不處理一下又處*體毛，穿上去毛肯定會噴粗乃*；又因為褲頭會把毛根壓平，那裡好似孔雀開屏外圍一圈毛，可以順便跳個求偶舞了。總之穿那個一定要除毛，而且可能要除光才不會外露，但光溜溜的我又擔心褲子會打滑十分煩惱，無法使用人家熱情的餽贈我很過意不去啊啊啊～

回到正題。如果你也為卡稱*吃內褲所苦，到底該怎麼解決呢？截至本書出版為止我仍然想不到什麼好方法，反正聖嚴法師說過「面對它接受它處理它放下它」，我想所謂的處理它就是用食指勾出來，如果勾出來之後又吃進去那就請放下它吧……

優雅對付屁縫裡的內褲的KNOW-HOW

1　把手插口袋然後慢慢的移到屁股肉上，勾住內褲邊把它們放回正確位置。

2　蹲下來右手拉內褲，左手扶著路邊的小花假裝在聞，製造浪漫的視覺效果。

3　從此只穿丁字褲，讓卡屁縫這件事合理化。

第 2 章

美容新知

從頭到腳都美麗

宅女小紅の空虛生活智慧王

美容新知（1）

好菌壞菌傻傻分不清楚

!? 「電視購物台宣稱『嗜脂益生菌』能減肥，學者指出，會吃脂肪的格蘭氏陰性菌是『壞菌』，根本沒有嗜脂益生菌，業者卻抓住消費者想瘦的心理，誤導認知。」看到這個新聞讓我有種晴天霹靂的感覺＊，因為自從某天在家閒來沒事不小心轉到購物頻道，看到世上有這種好物，就把我的一顆心都交給它了啊！購物台就是有這種洗腦的魔力，明明很扯的東西，只要多聽他們講兩遍，就會失心瘋發作想要掏錢訂購一組。每次聽到旁白威脅我們「當您瘦到理想體重時，請千萬不要再吃了，如果瘦到不成人形我們概不負責！」這類話術，就會覺得這輩子一定要嘗試一下瘦到不成人形的滋味啊，然後就不爭氣的想拿起電話下單柳＊。

嗜脂菌這個名字聽起來好威，牠爸爸有夠會取名字的，應該是有給林真邑老師算過筆劃吧，一聽就覺得值得養一些在身上，讓牠照三餐把我們啃成瘦竹竿，就像古早時代傳聞可以養蛔蟲減肥一樣。不同的是蛔蟲實在太具體了，養在身上一聽就很不衛生，先不說要牠自己從月工＊處走進腸內這個作業該如何進行，光是想要取得蛔蟲就不容易了（吧）。

說到這，我想起國小時學校都會發一張圓圓的貼紙，要大家回家去沾一下肛門，像在做魚拓一樣，然後帶到學校給保健室阿姨檢查。當時收貼紙的方式是從最後一排一個個傳到前座，敝人發育早，小學個兒很高永遠坐最後一排，想到哇ㄟ＊肛門拓會被整排同學傳閱整個臉就羞到發燙啊。為了一個莫名奇妙的自尊心，每次都在手臂上亂黏一下就交差。原來我曾經是個有羞恥

心的孩子，怎麼現在身上再也找不到那個東西了呢⋯⋯

哎呀離題了，回到嗜脂菌上（跳一下*）。

在我為它著迷的當兒，剛好有朋友認識那個廠商，看我這麼為它痴狂就送了一些讓我體驗跨買*，那是購物台的女明星宣稱吃完就瘦了十多公斤的分量啊啊啊～這個摸門*我彷彿看見自己變成瘦子的模樣，還認真考慮需不需要分階段吃，免得瘦到我媽都認不得我了。

當天懷著興奮的心情服用之後，靜靜的體驗有東西在啃噬脂肪的感覺。不過這個菌吃東西應該很優雅吧，因為孫體*實在沒什麼特別的感應。之前聽朋友說吃了這個大出來的便很臭，臭到會覺得這不是我的屎這不是我的屎（滿地打滾），八成是鄰居的偷偷跑來吧！我心想糞便這玩意兒本來就不香啊，臭應該也臭不到哪兒去吧。結果幾天下來發現這個朋友沒在打誑語，大便ㄟ*時陣*好幾次被自己臭到想從廁所奪門而出，而且味道久久不散感覺只有搬家才能解決問題。有天好奇檢查了一下它的尊容，看看跟平時有什麼不同（但其實並沒有），再自我安慰縮*一定是脂肪被大出來了吧，原來這就是脂肪味兒，脂肪這麼臭啊～

新聞裡還有這段：「台灣乳酸菌協會前理事長、陽明大學生化暨分子生物學教授蔡英傑指出，某種格蘭氏陰性菌在醫學定義為壞菌，當它潛伏在人體大腸中吃著脂肪以壯大自己時，人體也同樣吸收這些脂肪，因此，想利用嗜脂的病菌減肥，無疑是緣木求魚。」也就是說我肚子裡有一些嗜脂菌，吃了脂肪長得白白胖胖但是仍然待在我肚子裡，所以脂肪這個下作鬼怎麼樣都不會消失囉！我被騙得好慘哪～（流淚撲倒）這些日子以來跟極臭糞便共處到底是為了什麼呢？

我想，這個新聞的啟示就是告訴大家女明星都是騙子吧！還有，看電視的都是傻子，因為女明星明明原本就瘦得跟鬼一樣，根本不用靠這些勞什子減肥，我一定是被購物台下降頭了啊！

推開實驗室大門──

實驗證明，想減肥還是要靠少吃多動。電視機前的觀眾朋友們，愛字意 *蛤* ～

減肥的KNOW-HOW

1　少吃多動永遠是不二法門。

2　不要輕信來歷不明的藥物。

3　挨餓容易瘦但也容易復胖。

4　拎北 *胖到坐公車都會被讓位了憑什麼教人減肥啊～

美容新知（2）

健康快樂排毒營

!? 前幾天經過一個軍營，看到外面掛著「歡迎參加金門戰鬥營」的紅布
條，覺得場面很浩大於是回去估狗*了一下，發現似乎是讓老百姓坐
軍機去金門參觀戰地，然後當蛙人體驗外島軍事訓練的活動，五天四夜只要
一千出頭。這世界就是這樣，有人千方百計的逃避兵役，但也有人要花錢去
當兵，非常兩極啊。

回首哇ㄟ*凜腥*，因為從小個性孤僻，好像從沒參加過這種叉叉營。國中時
期同學們很愛參加，回來之後可以講上一星期，但是內容都大同小異，就是
去某個露營區睡帳篷自己做菜白天團康晚上撞鬼的行程。所以青少年時期讓
我最膽寒*的地方就是澄清湖，因為每團去那裡必定撞鬼，所有人都「聽說」
隔壁帳篷的人晚上棒溜*時看到有頭在飄和無臉人。我到現在都還記得在廁
所旁邊的是長髮白衣女子，叫她（私以為這很不合理，在野外看到長髮白衣
女子肯定是阿飄啊，誰失心瘋了要去叫她啊，那人被嚇死活該呀）結果她一
回頭竟然沒有臉（登楞*），真素*太可怕柳*。

長大之後曾經帶弟弟去參加棒球夏令營，是每天下午由體專學生來教小一小
二生揮棒、不用住宿的那種。教練們都是熱血青年，看到二姊溫蒂標緻會一
直跟她搭訕，但拎北*從頭到尾都沒被搭理過，完全當我是死的就是了，超
沒禮貌搭*。

我記得弟弟去了好幾週，結業那天辦了一場棒球賽我還去幫他加油，想捕捉
他擊出全壘打的身影。結果比賽開始很久很久都沒人打到球，私以為這很正

常，棒球就這麼點兒大，小一生怎麼打得到捏*。然而教練不耐久候，最後架了個架子把球放上去，讓學員們揮棒打那顆很平靜的球再跑壘（有很多人揮好幾次還是打不到），這樣一來學費就跟丟到水裡差不多吧。

出社會後我以為人生跟任何營都無緣了，畢竟那是屬於學生而非成年人的活動吧。沒想到某個過年假期溫蒂宣佈要和同事參加一個排毒營，一群人到新店山上的某國小生活幾天做做團體活動，登時覺得她們好青春哪～可是排毒一詞很曖昧，會讓我一直往大腸水療的方向想，腦中充滿全營的人互相往月工*處灌水（營的最高指導原則不就是互助嗎？），在山區自己挖洞（排毒和環保是一家人，所以東西都要回歸大自然～），然後集體在自己的洞裡下痢的畫面（太邪門柳*）。

當天傍晚我急著跟溫蒂姊通話，想一窺排毒營的祕密。她說一早起來就先喝一杯幫助排便的加鹽檸檬水，整天吃進嘴裡的都是一些幫助排便的生機飲食，沒在吃東西也沒在休息的時間會有人帶做一些幫助排便的體操，或是上課教導大家幫助排便的觀念。活動進行中，講師會不停鼓勵大家想拉就拉嗯湯*吞忍，然後用喜樂的眼神目送學員去廁所，只差沒像小一生第一天上學時爸媽在教室外面偷看那麼變態。

聽到這裡，不難明白該營的中心德目就是排便和排便，頭上綁的帶子和樹上繫的黃絲帶以及吹蠟燭時的第三個心願，答案攏洗*哇咩棒賽*啦～

雖然有著相同的信念，但這堆有共同興趣的人並不會想在營裡交朋友，逼不得已在廁所擦肩而過時連眼神都盡量不對到，各自頭低低默默的去大便，不然實在太尷尬了。所以大家聽到的剉賽*聲比說話聲還多，兒童SIZE的小廁所裡永遠有人在排毒，時時瀰漫著腸子待很久、終於見天日的陳年老屎味，難怪這群人要千里迢迢的跑到山上，因為大自然的氣息可以舒緩惱人的屎味……第二天溫蒂就凍北條*偷叫計程車逃回家了，一路上還頻頻回頭，擔心講師會把她抓回去繼續逼她大便吧。

明明是在寫健康快樂夏令營的，最後莫名變成宿便的故事，只希望大家現在不是在進食啊～好了，既然這篇文章收尾不易就讓它草草結束吧。

排宿便的KNOW-HOW

1　早上起床先空腹喝溫檸檬水。

2　喝優酪乳加綠茶粉。

3　搖呼拉圈促進腸子蠕動。

4　吃大辣的麻辣鍋（運氣不好時會連腸子一起排出來）。

美容新知（3）

與黃禎憲有約

也許是空氣太髒或是吃了什麼會過敏的東西，當然更有可能是口業造太多了，前陣子不知怎麼搞的，我的俏老臉上長了很多小紅點，沒痘痘那麼大但有些有小膿疱。原本自認為不明顯所以不太在意，後來約莫被三個同事問縮*妳臉怎麼了，一看之下真的很多而且臉一直發癢，就擦了些蜜蜂老伯牌的紫草膏頂一頂。不擦還好，這一擦整個產生HIGH-LIGHT效果，越來越多人來問候我的臉，像集點一樣，等到蒐集了八枚問候之後覺得臉應該已經爛了。想到過幾天要去看楊乃文演唱會聽說嘉賓是陳奕迅，我站在搖滾區離他好近（羞），要是把爛瘡傳染給他怎麼辦。為了EASON的健康，我立馬*打電話去黃禎憲掛號。

跟黃禎憲不熟的朋友容我提醒一下，就是那間位於師大夜市附近、門口永遠都有一堆人的診所。這天我下午三點打去掛到二〇六號，對方叫我約莫晚上十一點至十一點半到即可，根據經驗這就是叫我十二點到吧。我一直覺得黃禎憲是條漢子，只要掛到號不管到幾點他都會看完，所以就算到深夜診所門口也都人聲鼎沸好熱鬧。

說到這，數年前我陪克萊兒去過忠孝東路一家超有名的皮膚科，因為某些藝人號稱吃了它的藥胸部二度發育，有陣子很紅很紅。不過，聽說那是因為藥裡含有賀爾蒙之類的東西會刺激胸部長大，一旦停藥就會慢慢消回去。不知道會不會像氣球消風釀*皺皺的，想想挺有風險的。那家好像是專治臉上痘痘的，我在裡面遇到好多臉上冒爛痘的人，有的是冒整臉有的則是腮幫到下

頰的部分長滿了落腮痘。我這一世人＊從未在同一時間內看到這麼多新鮮的痘痘，覺得自己被爛痘包抄了，一直縮在位子上不太敢動，深怕不小心碰到對方就會大噴膿。那種感覺很不舒爽，希望大家的痘痘都治好了。

晚上十一點多前往黃禎憲報到時才跳到一百多號，幸好找了朋友陪，不然只要想到必須隻身坐在一堆皮膚病患之中等待，歸身軀＊就癢了起來（搞不好別人看到我的爛臉更害怕）。差不多晃到十二點半才輪到我，黃醫生很絕，叫號一次會叫五個進去，換句話說，當你在看診時還有四個閒人在旁邊看。我常幻想著會不會遇到私處潰爛的人，聽他跟醫生說：「醫生我陰囊流膿（或該冰＊長瘡屁股長瘤子之類的），要脫褲子可以清個場嗎？」可惜從來沒有遇到過。在下去過三、四次吧，從沒被醫生正眼瞧過，黃先＊差不多都跟我維持五十公分的距離，眼睛也不會盯著我的患部，有點像濟公師父或三太子辦事一樣，眼珠對著第三世界，靈魂在另一個時空中，聽著外太空來的聲音告訴他這個人生了什麼病。

不管你等多久，被問診的時間平均都是二十秒。我和友人阿寶有試圖挑戰過想讓黃禎憲看我們超過三分鐘但都失敗了，常常在想開口問什麼時就被趕出去拿藥。我那天為了多待一會兒，問了一下醫生我怎麼了，他只淡淡的縮＊對太陽過敏不要用熱水洗臉，還想接下去問時又被趕出去了好傷感。友人在外面等了二十秒就看到我出來也有點傻眼，結論是黃禎憲是條漢子不怕人家說他快（←這是雙關語很怕讀者看不出來）。

回去擦了藥之後臉部一陣灼熱感，不過隔天起床爛瘡就消了很神，但臉部發燙維持了一整天，晚上洗臉時像火在燒。江湖上一直盛傳黃醫生用藥很重有類固醇之類的所以好很快，不知是真是假，希望大家來信跟我討論一下～

後來友人江姊給了我一條大陸帶回來的皮膚藥膏，還強調用過都說讚之類的。我回去用了新藥，擦起來涼涼的很素喜＊，隔天起床皮膚都平了我要輕輕為它唱首歌。江姊說她們有去大陸一定會買來存放，是神藥來著，不過叫

我不要講出名字，免得一公開就被大家買光惹＊。醬＊一說我也慌了，覺得有
囤貨的必要性，所以最近要去大陸的朋友們拜託請跟我聯絡謝謝～

看黃禎憲的KNOW-HOW

1　早上八點就要用力打電話預約。

2　如果預約到晚上十點，差不多十點半之後才會輪到你。

3　等待期間不妨去吃一下旁邊的水煎包。

4　神醫沒有認真看你也不用太失望，這就是他的風格啊～

水水們腋下如何

這篇文章很重要，尤其是家中有國小四年級以下的女孩兒，請務必留意！

最近朋友去做了腋下雷射除毛療程，鄙人剛好對這個很好奇，因為江湖傳聞做了不但能除毛，腋下還會緊緻變白，整個就是摸蛤仔兼洗褲＊安捏＊，沒想到世界上五佳尼吼康ㄟ歹擠＊，實在很想開一下眼界就喜孜孜的跟去了。

現在大部分的女生都有拔腋毛的習慣嘛，不然夏天到了張開雙翅很嚇人。說到這不得不提一下《色，戒》裡毛絨絨的湯唯，我發現她很衰，大家在想到腋毛或漆黑的乳頭時都不免會提到她，真是招誰惹誰了啊。

回到腋毛上（跳一下＊）。

妳去拔它不免會拉扯腋下的皮膚，就算用仕女體毛刀，其實多少也會扯到，而不小心讓該處ㄌㄤㄌㄤ＊。哇奔郎＊因為酷愛拔腋毛，所以一直有個鬆弛的腋下，是腋下界的石英來著，皺紋很多加上黑色素沉澱，應該到了知天命的年歲吧。而且我一直以為大家都是安捏＊，在這麼一個私隱的地方，誰沒事會在意它是老是少，就算擁有緊實的腋下也不能填在履歷表上，對人生應該沒什麼影響才是，直到我看到友人江姊的胳肢窩……

她展開雙翼的摸們＊我眼前一陣黑，慢慢恢復視力之後才發現實在太亮白了啊（←此為誇飾法），怎麼有人的腋下這麼白淨年輕，上輩子是做了什麼好事才會有這種好報啊。當事人表示，她從小學開始就在意著那裡（真是先天下之憂而憂的好女孩兒），本來應該在意課業的年歲都用來關心腋下的生態

了，所以從來不會去拉扯它，處理惱人的腋毛時也都採用溫和的方法，總之絕對不會用拔的，才能擁有這樣一雙ㄟ溫*出國比賽的腋下。

反觀老身，由於熱愛拔腋毛，年輕時會以左手揪著腋下右手拿著夾子，脖子彎到沒睡都會落枕這麼奸巧的姿勢認真拔毛。年長後學聰明，開始對著鏡子拔，但這些動作都會拉扯腋下，還因為磨來磨去加強了黑色素堆積，導致它看起來比我本人老很多。

老就算了，人生自古誰不老，但老了加上年歲大，另一個隱憂就是下垂。副乳因為剛好長在胳肢窩旁邊順便被拉到，所以鄙人不但正乳下垂，連副乳也難逃六點半的命運，總是悲哀的指著地上。實事求是的同學可能會問，為什麼我這麼肯定副乳下垂是拔腋毛引起的呢？因為拔毛手勢的關係，通常都扯著右邊腋下，所以左副乳很挺立但右副乳往下長，馬上就宣佈破案了啊！

走筆至此，我要語重心長的呼籲電視機前的小朋友——但我想小朋友是不能看這種垃圾書的，所以勞煩大家轉告身邊的小女孩兒們——記得，千千萬萬不要手動除毛，可以的話就去買支冰刀吧，雖然也會動到但絕對沒有手拔來得嚴重。要不然就是在成長過程永遠夾著腋下不要讓它見天日，等到長大有能力再去雷射除掉它，不然就會像羞昂姊接*一樣有個皺巴巴的胳肢窩和下垂的副乳，永遠沒有辦法抬起手來做人哪……（煙）

常保胳肢窩年輕的KNOW-HOW

1　腋毛要除但不要用拔的。

2　可定期使用磨砂膏磨它。

3　穿內衣撥胸時要整副撥進去免得副乳長出來影響腋下的長相。

4　不要常讓腋下曬太陽（是說誰沒事會讓它曝曬啊）。

體毛也要些抖*一下

!?　　自從莫名奇妙變成胯下界天后之後，人生也莫名奇妙的對胯下有了
　　使命感，彷彿跟那裡有關的事都歸我管，相當任重道遠。之前聽說
台灣也有比基尼線除毛工作室了，抱著應該體驗一下除該冰*毛會有多痛並
與大家分享的心態，以身試法的報名了一個療程。

其實以前鄙人就有過除毛經驗，當時是朋友要考美容師執照，請我去當她的
媽抖*。有一關是考除腿毛，先將蜜蠟之類的東西塗在小腿上，然後黏上一
塊布再唰的一聲撕起來，當時除了痛到覺得往事像走馬燈一樣在眼前繞圈圈
快要閃尿*，其他方面倒是還好。除毛應該不過如此吧，不同點在於腿平常
在外風吹雨淋偶爾還會遭人恥笑（誰叫它粗呢），而該冰*感覺嬌滴滴，好像
不該太粗暴的對待。

預約時老闆問我平常有沒有剪毛的習慣，如果有的話要停一陣子，因為要讓
蜜蠟抓毛力強，毛最好不要太短，也就是縮*小平頭不好使力。幸好本人秉
持著勤儉持家錢要花在刀口上的原則，決定要除毛那天就開始認真的蓄毛，
打算留出一頭亂髮。當天報到後很緊詹*，畢竟人類平常是不太有機會讓人
盯著該冰*看的，但跟子宮頸抹片比起來除毛好像不害羞一點。同樣是除比
基尼線，有分巴西除毛和一般除毛以及造型除毛。比基尼的就是把兩側容易
從內褲邊探出頭來的毛除掉，造型的是在站起來正面看得見的地方刻一朵花
之類的，我看了目錄發現可以除成愛心狀或畫一個閃電或是刻一個英文字，
以細長的英文字比如T或J之類的為主，像M或B這種胖胖的就不太能刻（是

說刻一個B也太難看了，像是動物園每個柵欄外面會立一個牌子，免得大家不認識牠們安捏*）。巴西除毛就狠了，是把下面所有的毛全部除光，連那裡周圍的都拔得一根不剩，我光聽到就提肛了啊（倒吸一口氣）。刻花的也是要把下面的毛全部除光只留上面做造型，我幻想了一下那裡沒毛要再長時應該會很癢所以還是留著它們好了，所以最後選了一般除毛。

那裡有個浴室，讓我們被拔之前可以把下面洗乾淨。因為要讓人盯著它瞧，我特地洗得亮晶晶比較不失禮。洗好後圍上一條浴巾躺到台子上，緊張的行刑時間就開始了。除毛師首先把毛剪短一點點，然後跟我討論了一下我是哪種型的毛，接著就把傳說中的蜜蠟塗上去，蜜蠟溫溫的其實挺舒服，但想到待會會被扯下來我還是揪著心。不得不說，除毛師的手法很高超，一邊在跟我閒聊一邊冷不防的就把蠟扯下來但竟然不太痛（又或是我本人不太怕痛），扯下來後還給我看那塊毛真是羞死人了啊～另一邊也用同樣的手法一扯，不到十五分鐘就完成了這次的除毛體驗。

除完之後那裡好像有一撮日本人的小鬍子，我常在洗澡時看著小日本覺得非常簡約清爽，生理期時也會因為下面東西少，感覺比較不悶熱這樣。重點是下面的毛一旦被扯掉，毛囊好像也順便被破壞掉，之後自己再拔也不太會痛（又或是我本人真的很不怕痛），所以除過一次後，想要自己維持住小日本的風貌好像也不是難事。

總之，我個人覺得這療程還算美賣*啦，就算平常沒有穿比基尼的需求，小日本看起來質感也不錯，所以愛好清爽的女孩兒們可以去試試溜*～

下體保健的KNOW-HOW

1 上完廁所務必擦拭乾淨。

2 體毛可適度修剪但不要剪成小平頭否則會很癢。

3 作息要正常，HE*囉完一定要清洗。

4 沒事就讓它通通風（比如晚上睡覺時），一天到晚悶著不太好。

美容新知（6）

柔柔亮亮閃閃動人

某天網友貼給我一個新產品，拍賣標題是「重要約會的祕密武器」。我一看竟然是個像頭髮慕思的產品，然而是用來順私處體毛的。沒想到日本人連這種東西都發明，也太愛整理毛髮了吧。

當下我覺得十分羞愧，鄙人為約會做過的最大努力就是擦上隔離霜和腮紅，以及約會中趁對方沒注意的時陣*時不時的快手撥胸，好讓我勞燕分飛的乳房暫時和好一下，免得對方覺得我連這個小東西都管不好，以後養出來的孩子八成也很野這樣。

看到這個產品我才知道，原來現在的女孩兒約會壓力這麼大，不但人要打扮漂亮，連該處的毛髮都要做造型。奇怪了誰會看得那麼細啊！廣告文案說它會讓私密處柔軟香香，像高級的貓毛一樣，害我一直想到老派的文藝片裡，男主角會不小心或故意去聞女主角的頭髮，然後說妳的頭髮好香哦～那麼，私密處柔軟香香就是要製造這種效果嗎？就是約會到一半一陣大風吹來把毛髮吹到男生臉上（那要留到過膝才五摳零*啊），男孩很沉醉的聞它然後陷入綺麗的幻想這樣嗎？

拜託～如果對方有機會一探妳的該冰*，竟然先放下歹念欣賞妳亮麗的叉毛*還說「哇妳的體毛香噴噴的柳*」，要是我心裡應該會留下一些陰影吧。例如我有個朋友對成套內衣褲有執念，在某次重要的約會前，竟然約我去百貨公司進行一場大採買，把舊的換下來變成一套全新的（舊的還叫我幫她帶回家保管……）。後來我問縮*他有注意看嗎，友人回答：「當然沒有！就急急的

脫了誰有閒工夫看啊。」我想也是，第一次袒裎相見還在那慢慢欣賞很不對勁，那要不要順便走一下台步啊！

產品介紹上有個示意圖很有趣，是想表達沒整理過的毛會刺出內褲。其實我個人也一直有這個困擾，因為我們女生如果（那裡的）頭髮比較短，有時穿蕾淫＊小內褲時該處體毛真的會刺出來，像荊軻刺秦王那麼刺；如果（那裡的）頭髮比較長，穿性感的薄紗乃口＊時，胯下會被弄得蓬蓬的像搭帳篷一樣一點也不性感（我真的很怕講出來之後發現只有哇奔郎＊有這種問題，別的女生都妹有＊啊）。這麼說來這個產品似乎有存在的必要性，毛髮亂糟糟又不敢做除毛的朋友們可以參考一下溜＊。

提到薄紗內褲我想澄清一下。本人直到約莫四年前還不曾擁有那種性感的東西，總覺得好沒安全感哦，而且超肚爛＊明明穿了還是透明的感覺，那穿它幹嘛呢是不是。啊嗯勾＊自從搬到內湖後，因為內湖溼氣太重，內褲洗了常乾不了，更過分的是因為長期潮潮的不曾乾爽過，（我是指洗了後乾不了很潮溼，不是指我自己常潮溼請不要誤會了）（是說有人誤會嗎？）內褲還會長出一些黑點點研判是發霉了，穿出去能見人能見人嗎？！這時溫蒂姊建議就買薄紗的吧，輕薄短小又易乾，是忙碌職業婦女的第一選擇。我買了一蘇＊後大為驚豔，因為它真的很快乾，洗完後舉著它在客廳奔跑一圈（但為什麼要這麼做？）幾乎就乾了，真是節能減碳又環保，既省下用吹風機烘內褲的時間，又能好好沉潛為明日的工作打拼。

於是，我從此成為薄紗內褲的愛用者，一個性感女神也就這樣誕生了！

赴可能發生首次那個的約會ㄟ＊KNOW-HOW

1　攜帶口香糖隨時保持口氣芬芳。

2　穿沒有起毛球的成套內衣褲以備不時之需（記住不要穿膚色，男生大都討厭膚色）。

3　準備簡易過夜用品畢竟天有不測風雲啊（羞）。

4　感覺當晚會有奸宿行程就不要吃太雜，免得要在對方面前進行一個大便的動作。

關於醫美，我要說的是……

!? 「知名模特兒隋棠遭媒體爆料，為了維持好身材特地動了肋骨手術，
也就是削減部分肋骨組織，讓身型變苗條，隋棠立刻嚴詞否認，強
調自己本身就是骨架小，平常還會勤做運動，來維持二十三吋的小蠻腰。」
看了這個新聞，我想到之前也看過某日本寫真女星為了讓腰看起來更細奶看
起來大還要更大，去做了拔掉肋骨的手術。當時心想世上怎麼會有這麼變態
的事，應該是一場誤會吧。現在看到隋棠這個不知是真是假的新聞，才知道
原來真有這種事。而且我摸了一下肋骨，發現拿掉一兩排身體還真的會縮小
一點，反正平常肋骨好像也沒什麼建樹，這種手術似乎美賣*哦。

現在醫學美容很發達，大家好像也沒那麼忌諱談論自己是如何靠花錢變美
的。當然女明星除外啦，她們不管到了幾歲胸部都有機會再發育，理由不外
是吃了什麼治痘痘的藥或是去米國玩一直吃起司，吃多了奶就像吹氣球一
樣，反正絕對跟任何手術無關。老天爺也太不公平了，鄙人吃起司只會一直
長屁股，她們怎麼都能精準的長在胸部呢？

離題了，回到醫美上（跳一下*）。

可能因為科技在進步吧，現在做手術都不太痛了，還增加了更多以前想都沒
想過、可以改造身體的計劃。所以看到隋棠說拆肋骨是石器時代的美容方式
我完全不能苟同，那明明超先進的啊。說到為了美而進行的手術，我覺得最
可怕的首推打斷腿骨的增高手術。它的學名叫做肢體延長術，執行方法差
不多是把小腿骨鋸斷，兩頭裝上一個牽引架，讓斷骨一邊生長一邊偷偷的拉

長，據說可以長高三到十公分不等。江湖傳聞大陸有一陣子很時興這種手術，我看過新聞採訪一個正在做這手術的女孩兒，興高采烈的說長高了要去當空姐，整個可以感受到那份喜悅，可是手術明明超恐怖的啊。

仔細想想，人類過了發育期仍然可以胖可以瘦，但是要長高真的是某摳零ㄟ歹擠*。第四台的增高器或增高藥廣告針對的幾乎都是青春期的孩子，可見成年人要長高有多難。那麼，想要長高真的只有打斷腿骨顛鬥勇*一途了嗎？諾諾諾*(搖食指)，其實市面上還有一種隆頭增高術，顧名思義就像隆乳一樣，在頭頂骨和皮膚之間墊一個矽膠，把腦袋變得很長身高自然就高了。手術只要幾個小時，最多可以長高五公分，更棒的是還可以拉平臉部皺紋，我都想輕輕為它唱首歌了。啊嗯勾*仔細想想，這種長高法並不能改變身材比例，不長身體只長腦門有什麼用，只會讓自己看起來像南極仙翁而已；萬一不幸是個矮子，應該會像老夫子的朋友大蕃薯一樣吧。

最後跟大家分享一下，看了新聞之後我才發現原來自己和隋棠有個共通點：二十三吋！哇奔郎*有一隻二十三吋的大腿(是單一隻不是一雙哦)，以前都宣稱它跟蔡依林的腰一樣粗，但其實我根本不知道蔡小姐的腰幾吋，只是隨口找一個很瘦的女生當代表罷了。現在知道原來隋棠和我一樣是二十三，以後就可以堂堂正正的說「哇ㄟ*腿跟隋棠的腰一樣粗」惹*。終於幫我的大腿找到了歸屬感，真是好讓人感動的一件事啊啊啊～(拭淚)

顯高的KNOW-HOW

1　在每雙鞋子裡偷加隱形增高墊。

2　穿極短裙或極短褲，把半截屁股肉當腿用(前提是腿不粗)。

3　穿高跟鞋選擇腳踝處沒東西的款式，把腳背也拿來當腿用。

4　維持纖細身材也會顯高。(但超難！)

與馬鞍袋訣別書

!? 聽說很多亞洲女性都容易有個問題，就是大腿外側有兩塊肉特別發達，導致腿形不直而且從後面看屁股像往外翻。由於那兩塊肉神似掛在腳踏車後面左一個右一個的馬鞍袋，所以就簡稱馬鞍袋（一樣三個字好像沒簡到啊）。

我本身是個下半身肥胖重症患者，當然有一對出類拔萃的馬鞍。有多出色呢？如果有舉辦世界盃馬鞍錦標賽，我應該ㄟ盪*代表台灣出賽吧。這絕對不是誇飾法，吾友老頭就說我一定是上輩子做了什麼壞事，比如參加南京大屠殺還殺了老人和小孩，身上才會長出畸形的怪肉。而且它不只胖，是平地一聲雷般轟的一聲長出來一塊，看起來很像口袋裡塞了東西，教我要怎麼跟店員解釋我沒偷竊，口袋這麼滿裝的都是我的肉我的肉啊，這種身形能穿褲子出門能嗎能嗎（左手背拍右手心）。年紀一大那兩塊慢慢下垂就變燈籠褲惹*，那不就變成永恆的阿里巴巴了嗎了嗎了嗎)))))))))))))))))))))))（背景音樂：阿里～阿里巴巴，阿里巴巴是個快樂的青年～）

可能是有用心且帶感情的在向宇宙下訂單吧（請相信祕密的力量！），有天出版社竟然安排我去做雷射溶脂！

這是個小小的手術，術前先驗血看體質適不適合，做一些簡單的諮詢。本來過程一直很平淡，直到我站起身撩開上衣，露出出國比賽級的馬鞍，始終很平靜的醫生突然露出見獵心喜的表情，直說妳這個太棒了肉眼一看就知效果會很好，目標明顯一抽見效而且量肯定很多，幫妳做手術超有成就感搭*。

他不停的稱讚只差沒對我的馬鞍喊出BRAVO，一想到鄙人豢養二十載的馬鞍肉竟能帶給別人職業生涯最大的成就感，我就好為它們驕傲啊～（撫摸）接著醫生意猶未盡的說我這兩球應該能抽出一千多C.C.，整個興奮度明顯比剛剛提升很多。要是診所跟某些大胃王餐廳一樣設有英雄榜，我的玉照八成會被貼在牆上，還被頒發鞍王之王獎盃吧。

手術當天去診所報到，換上手術衣及醫院發的免洗褲，讓醫生對我的患部進行診斷。醫生帶了皮尺及麥克筆蹲在我屁股旁邊認真觀察，背後還有醫院的其他人像觀光客一樣拿相機在拍照，親像*大陸人看到一〇一那樣邊讚嘆邊咔擦咔擦，讓我有種被羞恥心淹沒的感覺。醫生用筆在我腿上畫了很多圈圈，講解了一下要怎麼抽會比較好看。說到這，其實做醫學美容除了要有合格的醫院、安全的器材，醫生的美感也很重要，但這種事很難形容，就請大家自己去體會吧。

畫完之後我出去等待做手術，不過，細心的觀眾朋友有發現疑點嗎……就是皮尺！為什麼沒用到皮尺呢？我以為醫生忘了所以友善的提醒他，萬萬沒想到他縮*：「妳這個算是畸形了，光用肉眼目測前後差異就很大了根本不用量。」在這個虛偽的時代講話這麼中肯的人不多柳*，讓我更放心的把馬鞍交給他（拭淚）。

手術過程算簡單，就是醫生先伸個管子進去患部發射雷射光把脂肪溶化，再伸個管子進去把脂肪抽出來，這叫做引流法。之前舊一點的雷射溶脂好像不會把脂肪流出來，要等幾個月的自體代謝（吧），我在想萬一做了那種，幾個月後發現身體脂肪沒被代謝掉不是很衰小*嗎，這時也只能找黑道去砍斷醫生手腳筋了。

回到手術上（跳一下*）。

進去躺好之後會先打麻醉，接下來就沒什麼痛感了。最赤激*的步驟是引流，引流一詞聽起來很文靜，我以為只是接根管子在身上，優雅的看脂肪從

孫體＊裡流洩出來這樣。結果當然不是這麼簡單。這個階段醫生會用一根管子狂野的捅我的馬鞍肉，有種殺紅了眼的感節＊，不過因為打了麻醉並不會痛，只是看起來很嚇人，就像拔牙一樣，你會知道有人在那裡進行什麼勾當卻沒有任何痛感。

術後傷口很小不用縫，直接用一層厚厚的紗布外面蓋一個衛生棉（←因為會一直滲血水），最後捆上繃帶就可以出院了。離開前我在LOBBY讓護士教我後續的傷口處理，這時屁股休誇＊怪怪（傷口在接近卡稱＊的部位），我只是小聲的嘟嚷了一下，結果醫生突然用飛虎隊垂降的姿態出現在我身邊，掀起我的長裙鑽進去檢查，像修車師傅鑽到車底一樣好帥啊。

整個過程差不多兩個多小時，結束後身體沒什麼不適行動也頗自如，我想閒著也是閒著就去逛了一下夜市。逛到一半覺得屁股休誇＊涼涼，一摸才知道我溼了（沒想到竟然會在書裡打出這三個字），幸好只是淡粉紅色的血水，就是正常傷口都會有的那種，我是鐵漢沒在怕的（拍胸）！回家後直到睡覺前都悄悄的在滲，為了讓它早點滲完，我蹲在客廳裡，想縮＊施加點壓力快把血擠出來，蹲到滿房子都是血腥味兒才罷休。

但是，一切的辛苦都是值得的！此刻我終於卸下大腿上永恆的行李，再見了馬鞍袋～

收納馬鞍的KNOW-HOW

1　永遠不要穿合身的褲子，永遠！

2　如果要穿請加件遮得住屁股的長版上衣，以A字娃娃裝上衣為佳。

3　裙子是妳的好朋友，但不能穿圓裙否則會像大水缸。

4　穿都是口袋的工作褲，騙人口袋裡放滿了東西那兩塊才會凸（心酸）。

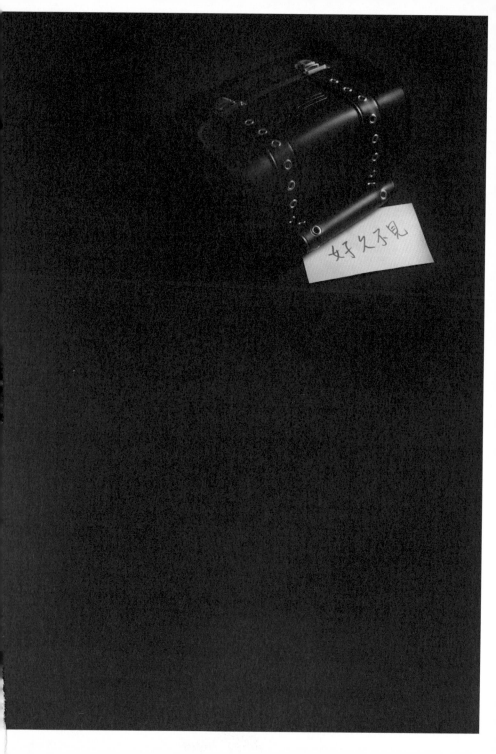

居家新美學 地上無捲毛

定時進行比基尼線除毛
地板上再也沒有來歷不明的捲毛

美容新知（9）

雷射溶脂知識大全

自從我披露溶脂的事，就一直遇到路人的唱衰*，內容不外是告訴我一下就會復胖之類的，害我也疑神疑鬼老是擔心馬鞍偷偷回來了。

我的懷疑並非空穴來風，因為剛做完時很平整的那塊長出了一點點。其實不大（吧），如果本來是XXL號現在就是XS號，跟以前比起來正常太多了。但是自從見識過全平的側腿後，拎北*怎能接受長出一小塊呢？！而且說明書上明明說它不會回來的，做過的網友也發誓說它不可能回來一定是水腫，醫生則說是那塊皮膚還沒收縮完（之類的），身體裡的水分會積在那裡以後自然會消。但我得失心太重怎麼看它都美送*，疑心馬鞍已經修煉成馬鞍精回來報恩了，我要漏夜搬家千萬不能讓它找到我啊～（←腦中浮現我在夜晚的山路上馳騁，一直回頭深怕被馬鞍跟蹤、不停甩尾的畫面……）

複診時我和醫生分享了內心最深的恐懼，他看我這麼慌便安慰我：「不可能啦～那是水腫。」後來我掀起裙子硬逼他檢查我的大腿（有沒有這麼豪放），他蹲下來很認真的捏我的小鞍一邊說沒可能啦。後來我不死心把束褲脫下來請醫生逼視它（是的我真的很豪放），束褲還掛在膝蓋上，旁邊的護士應該嚇壞了吧。醫生還是一邊說不可能啦一邊又戳又捏我的腿，捏完站起來後若有所思，然後又回頭蹲下來捏了一次。如果他平常講話音量開到六，那時就用降到一的音量說出：「ㄟ*～怎麼會？」雖然很小聲但還是被順風耳哇奔郎*聽見。踏馬的*我的馬鞍精也太強大了吧！不過聽說做完要等三個月後效果才最顯著，我就再給它一點時間好了，然後順便換個門牌，希望馬鞍精是認

地址會跑錯家這樣。

因為很多人對雷射溶脂很有疑問，我把常被問到的問題整理一下：

問題一：痛嗎？

我個人是覺得還好，進行時因為有麻醉所以沒感覺，之後只在當天晚上吃過一顆止痛藥，因為朋友嚇唬我不吃的話晚上會痛醒生不如死，然後跟敵人說「求你給我個痛快吧」把脖子伸長給他砍這樣，於是耳根很軟就吃了。隔天早上起來發現並不痛就再也沒吃過，醫生說我忍痛力可能異於常人。

術後恢復期就是黑青那種痛（身上也真的會有黑青啦），而且我本身是個變態來著喜歡挑戰疼痛極限，於是在家試了各種動作看看能有多痛。我發現如果像李亞萍醬*大喊「醒來吧～雷夢娜」然後撲倒應該會痛到升天，幸好這不是日常生活中非做不可的事。我的傷口在側邊嘛，約莫第四天後我開始明知山有虎偏向虎山行的試著側躺（看來我真的有病且病得不輕），一開始痛到該該叫，但不出兩星期就安詳的像一尊臥佛惹*。

我朋友後來也去做，她是內外側一起溶（我只做外側），由於人類在走路坐下時比較容易拉到內側肌肉（吧），她說隔天痛苦到不能蹲下，小便時內心會十分煎熬，啊嗯勾*肉體的疼痛是一時的，畸形的心痛可是一輩子的啊～

問題二：有沒有傷口？

有的但很小，聽說可以用什麼美容膠帶之類的去疤商品讓它變很淡。我個人不太在意所以都沒理它，有結痂時我還會摳掉，因為拎北*手賤沒藥醫。

問題三：會不會復胖？

應該不容易，因為雷射會破壞脂肪細胞（之類的），要再胖比較難。

問題四：束衣要穿很久嗎？

術後兩天要捆一個繃帶，當天晚上因為我自己不會捆結果捆一個太緊，晚上睡到一半覺得天堂近了我的下肢壞死，醒來把它弄鬆一點才撿回一條命。兩天後只要穿200丹以上的彈性褲就好，聽說睡覺不用穿。

問題五：會不會ㄌㄤㄌㄤˇ？

是說雷射會發射什麼幫助蛋白質增生殺小ˇ的，皮膚會自己緊實回來所以不會ㄌㄤˇ。這點我挺相信的，不然我拿掉拿模ˇ大兩塊，現在大腿應該變成永恆的燈籠褲了吧，可並沒有啊。

問題六：小腿‧臉‧手臂可以做嗎？

都可以。但我覺得做臉也太恐怖了吧，萬一不幸做壞了，身上很好遮臉上怎麼辦呢？大臉人還是認真打臉，要不然就去打肉毒好了。對了，有人問我肉毒的事（奇怪了我突然變醫美達人），我問打過的兩個朋友，她們都說不會痛只會痠，咬不動硬物，但臉真的會變小哦，只是每隔四個月到半年要再回去打一次。（←感覺好像被集團控制惹ˇ）

問題七：體重會變輕‧尺寸會變小嗎？

我個人做完第一天馬上變輕了，但隔兩天又重回來不知是胖了還是水腫。尺寸有變小但我不知道小了多少，因為我家只有IKEA的紙尺，它一直圍不住我的卡稱ˇ（淚奔），做完後還是圍不住（繼續奔），但頭尾之間本來隔著連成龍都跳不過去的距離，現在是連小小彬都可以輕易跨過去那種，如果提起精神縮一下頭尾會見面哦～

還有，坐公車時我的屁股不會溢到隔壁人的位子上溜ˇ（好悲哀的計算方法啊）。

問題八：有沒有副作用？

我目前還沒遇到，不過最近同事遠遠走來眼睛都盯著我的下半身，扁班*上到一半有人會說「站起來給我看一下」。還有，我溶到一半有聽到醫生說：「我太太溶時不啦不啦……」我想如果有什麼嚴重的後果醫生不會幫太太溶吧。順便說一下本人選擇火鍋店的標準，吃到飽的火鍋不是常給人不乾淨的印象嗎，我去那種店時如果看到吃飯時間員工也開鍋自己吃，就會覺得他們的料應該有洗乾淨（吧）（雖然離題但私以為這兩件事的精神是一致的）。

最後講一個垃圾話好了。有一位很久沒聯絡的男性友人突然打給我，也是想問溶脂的事。我心想男生也會介意胖瘦嗎（重點是他肚大又有乳房很多年，也沒見他覺得羞恥過啊），原來是想送給女友。我覺得他真是個好男人，如果我是他女友會愛他一輩子吧～問完正事不免要講些垃圾話，他問兩人同行有沒有便宜些，他的肚子也可以溶一溶，我想到術後手冊上有說男生溶下腹可能會導致陰囊水腫（會消的啦請晃心*）。重點是手冊兩張A4紙寫得密密麻麻，我只記得這行字哦（羞），當然要馬上告訴他這個副作用。然後他突然跟我談起心來，說他最近年紀大了該處有點皺，水腫一點看起來剛好比較英挺有朝氣就像吃了AIRWAVES一樣。

男性朋友們，你也想讓囊部龍馬精神一下嗎？摸蛤兼洗褲溶下腹洗幾雷*不錯的撇步*啊～

溶脂的KNOW-HOW

1　溶脂後勤穿束衣，形狀會比較漂亮。

2　不要因為怕痛就不按摩，按一按對事情很有幫助。

3　溶脂對局部肥胖或畸形（比如馬鞍）很有效，如果是整條粗腿要溶成細腿某擱零*啦！

4　做出來的難免跟天然的看起來不同，做之前要考慮清此*啊～

彈性襪教戰守則

!? 大家有穿過那種緊到下半身會變成紫色的醫療級彈性襪嗎？一般好像是護士或專櫃小姐由於需要久站，為了防止靜脈曲張在穿的（吧），路人好像很少在穿，因為顏色有夠醜的穿上之後腿色就像義肢。

溶脂的術後手冊上有說最好要穿200丹寧褲襪緊緊捆住術後部位，於是我去了夜市的內衣褲店，找到一條緊身褲老闆說有420丹。我跟丹不太熟，是結婚也不會發帖子給它那種生疏，所以老闆這樣說我就信了反正有穿有保庇。

啊嗯勾＊我對於穿脫時很輕鬆這件事隱約感到不安，大家不是都說幾百丹的會緊到發脾氣嗎？我覺得還好啊。有天我特地去捏了朋友的彈性襪，終於肯定一件事：通化街中段那家內衣褲店的老闆是騙子啊！

我開始疑心消失的馬鞍又長出一點點是因為褲子不夠緊，當天晚上就失心瘋的去各醫療用品店找緊身襪。跟坊間的便宜絲襪不同，它竟然有尺寸表，用身高體重來對照要穿什麼SIZE。然後它的價差有夠大，平平＊是200丹，價錢從三百到兩千多不等。生性窮酸的我當然只買了一條便宜的，含淚接受它只有膚色的事實（六百元的才有黑色）。

回家後我馬上試穿，想看看200丹有多威。萬萬沒想到連腳掌都塞不太進去，腳和小腿部分緊到我覺得下肢快壞死的地步，好不容易穿到膝蓋我的腋下已經溼柳＊，再繼續往上根本拉不動。約莫跟它奮戰了十分鐘，整個人倒在床上硬拉終於穿上。啊嗯勾＊可能SIZE不合，褲襠部分差不多落在大腿中段，無法貼合到該冰＊處，是一條走低襠嘻哈風格的緊身襪情緒相當複雜，

心想會不會是以相同體重來縮＊，我的肉都集中在下半身所以應該再買大一號這樣。試穿完要脫又是個煎熬，這玩意兒連脫都脫不太下來我差點氣到把它剪了，好不容易脫完了血糖都低柳＊，萬一尿急時要脫應該會很慌吧。

隔天出門時我心想買了就不要浪費穿一下好惹＊，於是拿出來跟它奮戰半天，還沒拉到膝蓋腋下又不爭氣的溼了。我躺在床上休息了一下，熱到把上衣脫了打赤膊繼續跟它拚，一個上半身赤裸下半身整齊的女子臥倒在床上穿襪子的畫面應該很荒謬。要是想穿它上班差不多要提早半小時起床，這該不是個整人玩具吧？

我在網路上公布這個困擾後，各種建議如雪片般飛來。多數攻略都是教我要慢慢且平均的拉上，要左五公分右五公分這樣前進。有人說要反著套咔＊好穿，我實在不懂原理何在，但前兩次還真的反著穿出門，讓襪子的車縫線向著外面，後來才知道原來是「頭要先反過來」而不是整雙反著穿。然後因為這襪子實在高腰，一不留神它就會從我的裙頭冒粗乃＊，肉色的東西本來還算低調，但反穿時標籤亮在外面隨風飄揚親像＊鯉魚旗，好像醜還怕人沒有發現。老木＊看到時有提醒我襪子穿反了，我還說這就是要反著穿妳不懂啦～在此我要跟母親以及所有被誤導的朋友道歉，請大家不要再反著穿了，這襪子已經夠醜，反著更不堪入目啊啊啊。不過一山還有一山笨，有個網友說她一聽到訣竅是反穿就前後反著穿，也就是把屁股的部分穿在正面。聽到這故事後我安心多了，原來有人領悟力比我還低啊～

還有很多人教我要放在床頭，趁早上剛起床水腫還沒找上門時套上。我本來不相信人類站起來十分鐘後腿是會變多腫，試過後才發現真的很好穿，這是第一次穿上它腋下沒有溼，真是近來學到最受用的小常識。另外有朋友提供一個撇步＊，她說如果要解決襪襠跟我本人的褃漸行漸遠的問題，就在穿上之後用力的以M字腿蹲下幾次。我在家偷偷M了三次，身上的兩個褃真的就見面了耶～（轉圈）M字腿是一個又魅惑又有實用價值的腿，請大家要多

多利用啊。

最後要跟大家談個心（拉板凳坐下）。

以前我的下半身很畸形，所以都不太管它，像擎天崗上的牛一樣主人都不理牠們。現在因為馬鞍沒了，開始想為我的腿做一點事。最近看到某產品好像不錯，是一種睡覺時套在腿上的襪套，很多部落客都有幫該產品寫廣告文，她們的腿也都好漂亮啊～我本來以為廠商找部落客寫文主要是看流量，現在覺得他們應該也有在看格主的條件符不符合哦，像我這種粗腿這輩子就不要妄想能接到這種合作案吧。

但是！在這個產品還沒問世前她們就有美腿了啊，廠商不是應該找我這種粗得沒藥醫的腿才有置之死地而後生的感覺嗎，就是穿了這個東西死馬也可以當活馬醫然後馬還真的活過來柳 *。又，廠商如果是以「她一定常使用才有美腿，所以我們要找她」這種邏輯來找人寫廣告的話，那麼鄙人曾收到KY及避孕藥的邀約是不是該去死一死算了，我看起來像是常使用KY的人嗎？！（感覺在家裡會一直打滑）我看起來像是每天汲汲營營在避孕，不然就會一直生小孩的人嗎？！（淚奔～）

購買彈性襪的KNOW-HOW

1 要去醫療用品店買，那種才是真的200丹。

2 膚色的穿起來像義肢，建議不要單獨使用。

3 嚴格說來它只有束小腿的功能。

4 如果想束的部位是馬鞍屁股大腿處，建議去買塑身褲（但它又不塑小腿，真是有一好沒兩好啊）。

美容新知（11）

你，跟上流行了嗎

如果你像我一樣，對新聞的醫藥健康版有在放感情的話，應該會發現差不多的時間就會出現一堆差不多的新聞。例如端午節中秋節提醒大家不要吃太多應景食品，免得什麼什麼會過高，加上吃一顆月餅要跑操場兩百圈之類的數據；季節變換時新聞就會提醒大家要注意身體小心過敏；夏天來時則是美白或減肥或除毛的新聞……總之就是配合時令，寫一些當下流行或大家普遍關心的事安捏*。

為什麼我會想到這個呢？因為這陣子我看到兩則用不同方式在關心同一件事的新聞……

第一則的大意是有個身高一百八十二公分體重七十公斤的帥氣男模，二十八歲的人生中談過四次戀愛，每次一進入肉搏階段，不久後女友就會用各種莫名奇妙的原因提分手。他本來以為是現在的女孩兒外表開放內心保守，太早發生性關係顯得他很輕浮，於是洗心革面痛改前非，新女友交往一年餘，在雙方決定要結婚後才發生內個*關係。沒想到叉交*完未婚妻又像之前女友釀*來個避不見面，苦苦追問之下才知道原來該男那裡太小，沒什麼事的時候三公分，蓄勢待發時拚了命長高也只有七公分。看到這兒正常人都會去找把尺探探虛實，想確認一下七公分到底有多長吧。（參考值：我的食指八公分／悠遊卡的長邊八點五公分，都比他那裡＊起時長一些）

電視機前的婆婆媽媽們先別急著找手帕拭淚，這個故事最後有個快樂的結局——這個男模後來做了一個「特殊皮瓣轉移與陰莖懸韌帶放鬆手術」，做完

後弟弟長高四公分,變成十一公分的漏咖ㄟˋ,不但順利追回女友(此女用長短決定要不要跟這個人在一起真是個很科學的方法啊),還決定了十月要結婚。新聞的結尾是幫他長高的醫生收到喜帖,很開心他找到了終生伴侶云云。私以為送恩公喜帖很不禮貌,不是擺明了要人家包紅包嗎?!

第二個新聞是介紹叫做「印度放莖術」的新玩意兒。這是一種民俗療法,強調不用吃藥或動手術,藉由按摩、推拿或拔罐等原理,讓你想大的那個地方變長又變粗。新聞說這個療程極為神祕且所費不貲,所以一般上班族不太捧場,通常是黑道兄弟比較多。據說人體有內外莖之分,就像江湖傳說胖子那裡小,是因為肚子把弟弟埋住了所以顯小,透過師傅手動推油按摩(但男生喜番ˋ別的男生碰他那裡嗎?),加上穴位和經脈刺激,再以拔罐輔助,讓躲在皮下終年不見天日的老二露出,達到增長的效果。但新聞上說療程要三到五十次不等,是本人聽過RANGE最大的了,難怪只有道上兄弟去做。如果是普通路人花了十幾萬做了幾次發現該處並沒有二度發育,可能只有摸摸鼻子自認倒楣走人,畢竟鬧大了也不是什麼光彩事兒。要是道上兄弟去,師傅說做完溜ˋ但事主發現沒變長,可能會掏出槍來(此處是指真手搶)指著師傅說:「哩勾共幾拜ˋ企跨買ˋ!」於是療程只好一直無限期拉長,才會有人做到五十次(吧)。

仔細想想,女生想讓胸部長大有各式各樣的方法,路人可以吃大奶寶或青木瓜或直接放東西進去隆起來,女明星則可選擇去國外念書,多數人回來奶就轟一聲的長大柳ˋ。男人似乎命比較苦,因為要長那裡的撇步ˋ還真少,可能陰莖本身是個有靈性的器官吧,它自己就會或大或小的,所以不能靠玻尿酸或微晶瓷或自體脂肪移植。不然在它小的時候把東西打進去,一旦長大那裡就會有個尖頭像箭頭一樣指著人超沒禮貌的。反之,要是在大的時候打東西進去,一縮回原本樣貌老二就會像頭上長了個大瘤……總之,外來的東西無法融入弟弟的孫體ˋ就是了。

還有，我知道上面兩則百分之百是假新聞真廣告，至於為什麼不同的醫療行為會選在同一天曝光呢，可見這個時節流行有個長長的弟弟啊～

你，跟上流行了嗎～（指）

跟流行的KNOW-HOW

1　流行都是短暫的，沒跟上的男士們不用太難過（摟）。

2　真的很想追隨流行的可以去做放萃術，但要記得假扮成兄弟免得被坑。

3　也可以把它養胖創造另一種流行。

4　算了啦牙一咬這波潮流就過了，很快就會開始流行別的了。

第 3 章

職業生涯

求才求職進修寶典

宅女小紅的
空虛生活智慧王

職業生涯（1）

最新兼職首選

經濟不景氣但什麼都在漲，花相同的錢能買到的東西偷偷變少了，和我一樣領死薪水的上班族們，最近是否也覺得生無可戀了呢？每個月的入帳扣掉固定支出後，剩下的錢只能撐到下個月發薪日的前幾天。收到紅帖時在祝福之餘會想叫對方去呷賽*，任何一點意外支出都會肉痛三天，要是不幸還有房貸車貸啦哩啦雜貸或卡債的朋友，就只能過著豬狗不如的日子了。

慢著，先別急著去燒炭開瓦斯，要知道生命是很可貴的啊啊啊，尋短之前先來看看這個新聞吧——

「電音三太子在高雄世運會開幕典禮打出名號，如今成了新興熱門行業。勞委會職訓局因應時勢潮流，在最新公佈的產業人才投資方案最新課程中，出現『電音太子進階班』。」上班族打工又有新選擇了呀（轉圈圈），而且感覺比麥當勞優渥很多，新聞上說電音太子跳一場不用三十分鐘，至少有一千元入袋，大家說好不好賺好不好賺（左手背拍右手心）。老娘三十有五長相又不稱頭，身形更是跌股，眼看嫁入豪門是沒有希望了，乾脆辭掉工作專心去上課，把扮演電音三太子當作未來的人生志向好了，運氣好的話還可以跟王彩樺一起跳啵比舞咧。

我研究了一下，三太子職訓班感覺不難結業，只要上滿一百四十四小時的課，大約四個月結訓後就是合情合理又合法的電音三太子惹*。網站上說要交學費兩萬元，但如果缺課不超過三分之一，並且順利結業（有三太子檢定

考嗎？），就可獲得職訓局八成的學費補助。也就是說四千塊錢先開落去*，下半生就安心有保障了。

這時第一排的同學舉手發問了：「既然這個班叫做進階班，那表示我們需要有基本的舞蹈底子或是李棠華特技團出身才能報考嗎？」嗯免嗯免*（搖食指），進階只是個詞兒，其實一般路人只要有自信可以舉起三太子頭套都可以參加。

我再一路追查下去，找出一些影片來觀摩，發現太子們其實只是在晃動，所以只要腳部會做一些類似恰恰的動作就可以過關了，甚至我根本覺得不用做得太到位，因為三太子一來就是一群，那麼多隻一起晃誰會注意到右邊數來第三個的腿有沒有打結。雖然少數的電音太子有腮*歐兜賣*的橋段，但其餘的真的只是在搖晃身體，搖完兩、三首歌一場就結束了，難怪新聞用「超夯」來形容這個新興行業。

某位三太子如是說：「入行門檻不高，演出時臉上不用化妝，也不用怕被親友認出來，最重要的是收入還不錯。」還有另一個電音三太子表示：「跳一場不用三十分鐘就有一千元入袋，假日跳個兩、三場就有三千元，每個月多接幾場，養活自己不成問題。」的確，有時是因為害羞有時則是公司規定不能打工，總之我們上班族在賺第二份薪水時能多低調就多低調，兼差當三太子完全符合需求，一則時間很有彈性，二則真的很低調，一戴上頭套連親娘都認不出來了吧！萬一不幸被公司逮到，看在為神明做事的分上，老闆應該也不敢拿你怎樣。

另外，我懷疑這個工作還具備了大家夢寐以求的瘦身效果，畢竟光是穿著那一身動都不用動腋下就溼了吧，何況還要跳舞捏*，這不就是俗稱的雙贏嗎？人生走到最高境界光用想的全身就熱起來了啊！寫到這，不免回想上次加薪是什麼時候？應該是清光緒年間的事了吧（好像誇張了點），那時候巷口還有開寶芝林呢（還來！），既然這樣還等什麼，快手刀*去報名電音太子

職訓班吧！

如果有一天大家在部落格看不到我，可能就是我通過三太子檢定考去美國麻省三太子學院深造惹*，想我的朋友就去廟會找我吧，看到大腿特別粗壯的太子應該丟係*哇奔郎*啦～

兼差不被發現的KNOW-HOW

1　當電音三太子。

2　當色情電話小姐。

3　做家庭手工。

4　學習美工或電腦程式等可在家工作的一技之長。

職業生涯（2）

黃金真的變黃金

⁉️ 前兩年台中實施了一個很妙的政策，鼓勵民眾撿路邊的狗大便，撿滿一公斤就能換到一百元禮券。讓我不禁想到如果內湖也實施這個政策該有多好，我家附近狗屎超多的（怪了內湖的狗常集體吃壞肚子嗎？），多到晚上出門壓力會很大，罩子*一定要放很亮才行。

私以為雖然撿狗屎換錢讓人休誇*不酥湖*，而且要存到一公斤是個險招，因為印象中狗屎乾了就變得很輕盈，有時還會幻化成粉末，當你以為五天了應該湊滿了正要拿去換錢，第一天的就羽化惹*，只能捧著那些粉無語問蒼天。但就算這樣，賺頭應該比撿保特瓶大（吧）。畢竟人生自古誰無屎，我們可以不花錢自己製造啊，在狗屎中適時的加入一點人類的屎，維持人糞和狗糞3：7的比例應該不容易被拆穿吧。不然就去擎天崗偷牛的，拿模*大一坨簡直是致富捷徑（看得出我為房貸苦到想走偏門了吧）。而且實不相瞞，敝人在下我對排遺這方面很有長才啊（撥瀏海）～每次我姊回來，我倆每天吃得太多喝得太脹內容太雜，常導致下痢不止，想蒐集的話恐怕要動用到DHL的重量箱，一天就可以換一頓三井了。

想到這我立馬*摳奧*給我的摯友老頭，因為他之前失業很久，我們身為好友的都會一直報賺錢撇步*給他。雖然他現在有工作了，但有水當思無水之苦，有能力時當然要多存點，有賺錢的機會萬萬不可錯過。我們討論了一下，雖然新聞說清潔隊員分得出屎的主人是人是狗，送交時還必須簽下切結書表示真的是公園撿來的，如果說謊會被移送法辦，啊嗯勾*狗吃人食的話

大出來的應該跟人的一樣（吧），所以為了力挺他，我願意將最私密的那個都存下來讓他賺外快，拿去賣一賣應該可以吃一頓鼎王吧！（←天生我才必有用，請大家千萬不要放棄痣己*）量大的話就算要開車去台中也很划算，如果清潔隊員問縮*裡面怎麼會有金針菇，神色不要太慌張應該也可矇混過去，就這樣幫摯友開發了事業第二春我覺得好滿足。

說到這，之前趙少康先生好像有在廣播上提到我，內容是訪問龍應台女士的大江大海一書，講到大時代的顛沛流離，然後說他最近看到一本書，主角宅女小紅（丟係*哇奔郎*啦～）人生中最挫折的事竟然是在路上遇到前男友時很邋遢。之所以提到我，應該是要做一個以前年輕人和現代年輕人的對比吧。但我其實不是年輕人，而是個比較渾噩的中年人。年輕人對不起，我害你們被妖魔化了～

我想說的是，我的工作和生活都這麼單調，人生中哪有機會遇到什麼大挫折呢？要是和平分手也就罷了，我可是被前男友看到我最糟糕的一面，這能不沮喪能不挫折嗎？！（戳九孔太陽穴）（因為不敢貿然戳趙先生的，只好戳《全民大悶鍋》裡的九孔扮的）然後我不禁思考，怎樣才配稱為挫折呢？如果老頭在路邊拾狗糞時遇到前女友應該就可以稱王了吧。當老頭兒看到路邊有大丹狗在便溺（大丹才值得搶，吉娃娃就不必了），正拿著夾子奮力撥開前面的人手刀*衝去搶時，這個摸們*前女友剛好挽著某企業小開經過……想到這畫面，如果不抬頭看著天空我的眼淚都要奔流成大江大海了啊～

所以，想靠這招賺點外快還是有風險的，但所謂富貴險中求，缺錢的朋友還是可以考慮一下呀～

撿狗屎賺外快的KNOW-HOW

1　放在陰涼處，避免陽光直射。

2　每天用澆花器灑一點水，切記不要灑太多以免太稀。

3　密封起來不要每天聞否則心情應該會很糟。

有恆為成功之本

那天看到一個新聞：「詐騙集團不再亂槍打鳥，這回鎖定醫療患者宰肥羊，台北市信義之星豪宅一位貴婦因而痛失近兩千萬元，懊惱地說『我真是大笨蛋！』。警方逮捕車手，但贓款只剩五十九萬元。」看完後深深覺得有錢人氣度就是不一樣，我只不過把一張兩百元的發票放到過期都哭天搶地只差沒自剁小指以示懲戒惹*，貴婦失去兩千萬竟然只是懊惱說出「我真是大笨蛋」，帶有一種俏皮感，有錢人的世界果然好寬廣哪。

報導表示歹徒是以「妳的身分遭冒用，並涉及二十五億元洗錢案，我們將管收妳名下財產」以及「妳必須繳納鉅額保證金，否則會被拘提」這招來騙貴婦的，現在的詐騙手法實在越來越精明了，據說本案中還COSPLAY了很多角色，從護士到警察到檢查官都有，鋪天蓋地的難怪能騙到兩千萬。

不知道電話詐騙這招是從哪裡傳來的吼？很久之前流行過香港跑馬協會的詐騙電話，他們會先鋪一個梗，打來說你是個幸運兒被選中可以參加某活動，幾天後再打來說哇拷*你太LUCKY中了大獎，但要先交稅才能領。這類電話我接過幾次都草草掛掉，理都懶得理。有天因為窮極無聊一個人在家，想縮*閒著也閒著就跟他聊聊好了，不然一天都沒講話還沒開嗓呢。

電話那頭照慣例傳來：「妳真是太幸運了，中了我們第一大獎！」歹徒頗入戲，聲音的興奮度很足。女騙子說她們正在舉辦頒獎典禮，背景有園遊會及廣播聲，感覺她像一人樂隊，又要騙人又要準備背景音效超忙的啊。她表示典禮在台中某處的公園，大會抽中我可惜我不能去，我立刻回答：「我可以

我可以，我剛好來台中玩耶，妳說妳在哪？我現在就過去！」女騙子說不用奔波獎可以代領，然後又勸說了一下，大意是她們是多有公信力的一個單位叫我不用擔心。我說我不擔心啊中獎真是太開心了，我一定要親自去領獎快告訴我妳在哪兒，然後她就真的給了我一個大概的方位，我說太巧了很近啊妳等我一下馬上到。她還是繼續勸阻我，五分鐘後我說我到一號出口了耶，怎麼沒有同樂會？妳們在幾號出口附近呢？本來心想反正我也沒事，這個遊戲我可以跟她玩一下午，但是女騙子連再見都沒說就掛掉電話了，有夠沒禮貌的啦！

後來詐騙界一直求新求變，跟SONY相機一樣動不動就有新一代上市，例如你兒子被綁架快來贖他的、叫你去提款機操作一下的、美眉騙男生說她爸生病了如果沒錢只好去賣身的（那就去啊），反正花樣百出，怪的是明明都很扯還是有人會被騙。

我有一個長年住在美國的姑姑，有次回來台灣住幾天，也接到一個詐騙電話。那支電話登記的是我爺爺的名字，歹徒好像是說該電話被犯罪集團盜用殺小 *的，總之就是牽涉到一個大案子，叫我姑姑趕快去處理一下，不外就是交個保證金那種處理法。她本來就是個心神比較耗弱的人，加上美國住久了變成洋妞兒，不知道咱們台灣時興電話騙錢，當然馬上就相信惹 *，然後很緊張的等候詐騙集團的指示。對方叫她先去轉帳，然後因為電話登記的是我爺的名字嘛，要請他本人去電信公司辦一個什麼手續，總之就是盡量把騙局搞得很大，可能是心想反正他快收到錢了沒差，講一些需要去公家機關辦理的事項，感覺可信度比較高吧。

此時，我姑姑很擔心的問：「可是我爸死了怎麼辦？」其實她的意思是可以不要本人去辦嗎，但騙子可能以為我姑在嘲弄他，一怒之下丟下一句髒話就把電話掛了。要是詐騙集團的自尊心不要那麼強烈，再周旋個五分鐘我姑就去匯錢了，真是超沉不住氣的啊。

藉由以上的小故事，我們知道：面對工作一定要有愛心耐心和包容心，努力不一定會成功，但先放棄的人絕對不會成功的啊！

職業生涯（4）

在職進修很重要

如同本文篇名，今時今日在職進修是很重要的。

職場競爭激烈，為人員工的如果不好好充實自己，很容易就被淘汰。有位在澳洲當妓女的林小姐為了提升職場競爭力返台隆乳，挺著D罩杯重返工作崗位，誰知道上班才一個月雙峰就走山柳*，不但乳溝不見D奶也塌陷，據說兩奶連成一氣胸前又回到B罩杯，男友也因為她的大奶不見而跟她分手。年薪約三百六十萬台幣的林小姐說乳溝消失讓她「夾不住東西」導致停工十個月，憤而隔海興訟，要整型醫師負擔她工作損失、精神賠償等共五百多萬元。

這則新聞重點很多，要深呼吸一下才能消化。

首先，我不知道平常需要用乳房夾什麼啦，要拿什麼東西的話用手用腋下都可以啊，為何非要用到乳溝不可捏*？而且還嚴重到因此停工十個月，就像魔術靈是廚房的好幫手、旺旺仙貝是拜拜時的好幫手一樣，看來乳溝是她上班時的好幫手就是了。說到這，前一陣子台灣流行胸部很大的女明星，她們其實也沒有在唱歌也沒有在演戲或拍廣告，好像就靠著奶很大闖蕩演藝圈還說自己被封為「波神」，有天波神一號用乳溝夾手機，波神二號就夾了個更薄的東西比如CD之類的跟她拚了，波神一號不甘受辱又表演夾名片，看來奶溝還真的是某些人上班時的好幫手啊。

回到新聞上（跳一下*）。

還有一件事我感到相當納悶，原來隆乳失敗不是被打回原形這麼簡單，雙乳

竟然還會連成一氣耶！（驚）感覺就像是站在高崗上後不小心跌下來，跌到一樓也就罷了，竟然還跌到地底下爬都爬不回來這麼衰小*。而且縮成B其實也不算小吧，應該有些微微的隆起才是，什麼叫做「連成一氣」實在很難懂。尤其是哇奔郎*有對左右分家老死不相往來的奶，就更想看看怎樣才是心手相連的胸部了，必要時可能會印出來貼在牆上每天看，看看看久了（←採用了范范范瑋琪句型）我的乳房會不會改邪歸正，從此相親相愛緊緊相繫這樣。

林女說她的年薪是三百六十萬台幣，讓我著實吃了好幾驚（倒退三步），整個人像國劇演員受到驚嚇一般，很想一路躬身低頭甩馬尾，從忠孝東路一段甩到六段，才能撫平內心的激動啊啊啊。敝人近年來因為成為專欄作家又出了書（撥瀏海），收入已經達到這輩子的巔峰，就像洞房花燭夜五子登科時、發票中大獎又剛好遇到百貨公司在舉辦單一特價如此這般的高點，覺得自己真是個有用的人，很值得灑花瓣兼長裙旋轉了（拭淚）。如今看到澳洲性工作者的年收入差不多是本新銳女作家的五倍之多，頓時對於自己的小格局感到很羞恥，而且不再那麼排斥做雞了。

馬上進入下一個重點（跳一下*）：伊ㄟ*男朋友看到原本的豐胸一去不復返，人竟然也就一去不復返了。私以為這跟整型失敗無關，根本就是男人想甩人的藉口啊！哪有因為奶變小了就結束的戀情，研判該男喜歡的只是罩杯，根本不管個性吧。之前聽過有個婦人騎車經過路邊的人孔蓋，顛了一下咬破嘴唇，導致伊ㄤ*看了很反胃拒絕與她行房最後甚至離婚，因此要求國賠的故事。這兩個故事的屬性差不多，女方都覺得男人離開是因為最近身上發生的事，殊不知這都是他們想走的藉口是藉口啊（戳太陽穴）！這就是俗稱的變了心，就算一切恢復原狀他們也不會回來的懂嗎？！

最後就是這則新聞最重要的重點了，請各位快拿螢光筆出來劃一下。重點就是，林女為了提高競爭力返台隆乳，我們做員工的，又曾拿出什麼回報公司

呢？我們有沒有為了提高工作能力而做什麼在職進修，讓自己更上一層樓呢？連性工作者都這麼敬業樂群深怕自己能力不足，這麼努力的在充實自己提昇自己，我到底為公司做過什麼呢？越想越慚愧想到羞紅了臉，不如明天開始用胸部夾東西上班好了……

在職場善用乳溝的KNOW-HOW

1　可以用來放置文具，要用時比較容易找到。

2　談判時適時壓低上身並用手臂夾一下奶以干擾對手，為公司爭取最佳利益。

3　當男同事抱怨公司時，可適時展露乳溝讓他們知道上班也有美好的一面。

職業生涯（5）

來生的職業志向

日前去大陸參加二姊溫蒂的婚禮，由於結束時才九點多閒著也是閒著，剛好有朋友說她的台灣朋友在酒店玩問我們要不要去，我心想反正沒去過不如就跟去開開眼界吧，於是展開了這輩子第一次的酒店探險。這間酒店感覺很氣派，不過大陸地方大什麼都很氣派，以前覺得台中已經是個什麼店都很大的地方了，去了大陸之後才知道什麼叫做大啊（說到這，星野亞希還真是有夠大）！那個月主打中國風，裝潢都帶有中國味兒，大廳還有個書僮，頭頂紮個包包打扮成寧采臣的模樣假裝在寫書法（真的有文房四寶，但他只是拿著毛筆離紙一吋揮啊揮這樣）。

第一次進酒店我滿心期待，以為會像電影一樣，一男被兩女夾著像火腿蛋三明治一樣，然後女生要很風騷的縮＊「「＊董怎麼這麼久沒來，人家想你想死了啦（搖擺軀幹），嗯哼嗯哼（搖擺軀幹），最近身體怪怪的你幫人家檢查一下（搖擺軀幹）」這樣。結果推開門整個推翻了我的想像，酒店妹長相劣質不說，衣服還給我穿很多，怎麼酒店小姐可以穿長牛仔褲上班的嗎（戳太陽穴），實在太不敬業樂群了啊！大部分小姐都沒怎麼說話，眼神焦點定在三十公分處，就像在玩幾年前流行的3D圖要失焦才看得到答案那樣（←那玩意我還真的從未看出正確答案，太難了啊），那副模樣不免讓人覺得今天的每日一辭要介紹的是行將就木啊！

整個包廂氣氛很喜樂，一點也沒有酒店的淫亂感讓我好失望，反而是我們幾個台灣女生因為剛參加完婚禮還穿著小禮服又比較活潑，看起來還比較像小

姐，害喝醉的男人差點摟錯人柳*。小姐們一直正襟危坐不太跟客人聊天，有的甚至自己聊起來了但明明是上班時間啊！此時終於有一個人點了首男女對唱的歌，小姐不陪聊天不陪酒至少陪唱一下吧，結果她唱歌極難聽，音準從深圳一路走到塔克拉瑪干沙漠，難聽到在場的人都面面相覷（沒在覷的人都是醉的）。怎麼在KTV酒店上班的面試不考唱歌的嗎？

坐了一會兒之後，服務生端來了一盆皮蛋瘦肉粥。連食物都這麼喜樂，我原本還以為酒店的食物應該是生蠔類淫亂的食品，要不就是葡萄什麼的可以你餵我我餵你WE餵食EACH OTHER的東西，結果上來一碗粥也太健康了。此時我眼睜睜的看著其中一個小姐默默吃掉兩碗，怎麼酒店沒有禁止小姐吃東西嗎，客人幹嘛花錢請穿很多的小姐吃東西啊？！

沒多久回家時間到了，叫埋單時有個領班進來，在場的每個小姐拿一張卡出來給他刷一下，就這樣結束了一檯。窩的馬呀*這裡的酒店小姐實在太好當了，如果有來生一定要去當酒店小姐啊。

補充——

我在那裡吃到此行最好吃的東西「麻辣鴨臉」。不知道該盤小菜學名叫什麼，總之內容物是很乾爽的鴨臉（切成一片片的，不是一整張臉），做得好辣又不會過鹹。要不是跟那些人不熟，我都想偷偷打包剩下的鴨臉回飯店吃惹*。最後那些FACE一定都被小姐喀光了，你看看你看看當小姐真的有夠棒的啦～～～

去大陸當小姐的KNOW-HOW

無。公司不太管，做自己就好，男生搞不好也可以去碰碰運氣哦～

職業生涯（6）

求職注意事項

最近舍弟南征北討的在面試，有天他說六點要出門有個INTER-
VIEW，私以為這時間有夠邪門，案情肯定不單純，要不是被騙就是
應徵出海打漁之類的工作，不然也太早了吧～

說到求職陷阱我想到一個新聞，大意是少女看到徵求氣質小姐的廣告，前往
應徵坐檯小姐，不料竟被押往屏東市汽車旅館、理容院與護膚坊賣淫，從深
夜十一時至凌晨五時被迫接客達二十次，對方只給了她五千元，嚇得不敢
再去上班，時隔多日才向警方報案。我在第一時間拿起計算機算了一下，
十一點到五點是六小時，乘以六十分鐘再除以二十個客人，每個平均十八分
鐘也太神速了，一個晚上哪來這麼多趕時間的人啊。（我心地善良想避免說
出快槍俠這麼傷人的字眼）（但還是說了）（一觸即發也不能說哦）（有完沒完
哪……）

男人最怕人家說他快，所以坊間才有這麼多有的沒的治療早洩的偏方。我個
人聽過一個最納悶的是有些小診所會用電療法，因為早洩可能是太敏感，所
以就把老二電到沒感覺，從敏感到無感就不會有太早繳械的問題。這真是太
猛了啊～該男就算被敵人抓去用火鉗夾下體也不會招出國家機密吧。

我有個朋友曾經和這種捅五下就結案的男人交往過，一開始她難掩心頭的
驚訝，想縮＊原來這就是百聞不如一見的快槍俠，省下來的時間拿來唸書應
該能考進NASA當太空人吧。一邊想還一邊裝睡（就像走在森林遇到熊一
樣），免得露出驚惶神色，實在太尷尬了啊！有一些廣告會教導女人遇到這

種男伴要給予關懷體諒，可說一些鼓勵和加油的話幫助男方度過這個床上的低潮。然而私以為這會招來一頓毒打，因為妳覺得快但男生可能不覺得，當事人在全心投入全力衝刺的狀態時就像坐雲霄飛車一樣，坐的人常覺得時間過了很久，可明明才幾十秒蘇的一下就停了。妳不去安慰男生搞不好他還以為過了很久痣己*很威柳*，殊不知這一回合可能只是進一個廣告的時間，完全沒有耽誤到妳看《康熙來了》的進度，關懷的動作反而傷了他的自尊這樣甘厚*？到時候見笑見笑轉生氣*歹擠就大條了*啊。

說到凍咔固*，不能不提一下我最關注的九九神功（不要問我為什麼）。因為聽名字感覺ㄟ盪*吼哩*久久，所以很多男生願意穿小紅裙綁個鐵塊在下體盪啊盪。就常理判斷，老二本孫*是直的沒有腰，東西綁了也會掉下來，但是綁在囊部也很可疑，因為它很伸縮，總覺得重物綁上去會被拖長到膝蓋，取下時才會再彈回去（老人是慢慢縮回去，年輕一點的可能還有端ㄊㄊㄊ*聲）。後來鄙人研究了一下（還是不要問我為什麼），才知道原來是把下面的兩個東西一起綁住，然後運氣讓它們可以舉起重物而不受傷。

藉著本文讓讀者們吸收了一個新知，筆者真是滿心歡暢啊～（撫鬚）

說了這麼多，最後還是要提醒大家找工作要小心（這就叫做劇情急轉直下來著）。我這人老派，相信天下沒有不勞而獲的事，強調賺錢輕鬆的肯定有問題。就拿本例來說，都寫得這麼明了是坐檯小姐想說不會再糟了吧，結果一去就發生更不好的事。諸位少男少女們勿信莫名奇妙的求職小廣告，面試時看不到同事的請馬上落跑，個人安全愛字意*蛤*～

找工作的KNOW-HOW

1　標榜賺錢輕鬆的工作肯定有鬼愛字意*。

2　遇到神神祕祕的公司，面試時最好找明友或家人陪伴。

3　沒有一個正常的工作需要先繳保證金。

4　被要求去小房間檢查身體的話就立刻報警！

宅女小紅　91

職業生涯（7）

辦公室的英格裡許*

我是個英文很爛的人，腦中的字彙差不多只比團團圓圓多一點而已，有時看到路邊的幼稚園孩子在和媽媽講英文都還聽不懂，鄙人的英文程度就是這麼的差啊。然而造化弄人，這樣的我卻不小心進了外商公司扇班*，幸好工作時接觸到的多是工廠界，用台語的機會比較大，不然應該每天都在五里霧中了。

有一次我不小心參加了一個有歪果忍*的會議，全程皮繃很緊想用心聽出關鍵字。開到一半老外不知說了什麼大家突然笑起來，為了怕格格不入，我也跟著像花枝一般亂顫了一下。現在想想我實在太愛面子惹*，明明很多時候別人用國語說了笑話，我覺得不好笑時都很冷靜的不動，當時竟然為了怕大家發現我英文文盲的身分而跟著假笑起來我好恨自己啊（掌嘴）。

不知何時開始，市面上多了很多講話要烙*一、兩個英文單字的人，鄙人對這種現象感到相當肚爛*，尤其是有些人英文講得跟中文很像，夾在一堆中文裡完全聽不懂他到底在講哪國語言。不過我也必須承認有些字彙用英文表達比中文貼切很多，例如當主管問你某某事時——

A：我去確認一下
B：我去CONFIRM一下

不知為何，我總覺得A之前根本沒處理現在才要去問，而B之前就有在追蹤

這件事，現在會去二度確認，是個認真的OL來著。

又，如果在開會中有人問你意見，要是回答「我覺得叉叉叉比較好」，氣勢上彷彿就弱了一點。反之，如果回答「我比較PREFER叉叉叉」感覺就像多芬廣告裡美麗又自信的職場女性，還穿著窄裙連身材都變好了！（不知為何我覺得胖子不該輕易吐出PREFER這個字，說出來好像辱沒了PREFER，所以鄙人從來沒講過。剛一口氣打出一堆有種玷污PREFER的感節*，要買喜年來蛋捲去跟它賠罪，但買喜年來給它好像又是一種羞辱，應該買GODIVA給它才相得益彰，真是個很有驕氣的字來著）（廢話真多啊我）

我有一位工程師朋友，他每次講到比例時就會說有幾PERCENT的人都不啦不啦不啦，讓人聽了有些惱怒；當我說了什麼不對的事，他則會用「NO」當做回話的開頭。但他說NO時又不是很堅定，而是用一種讓人想殺人放火的語氣，聽起來類似「膿～」（「～」是因為他會拖尾音），如果我會掃堂腿就會一直掃他，連經過的無辜路人都一起掃了，真是太令人孫氣*了啊。

寫到這裡，不禁想起幾天前我去別的公司開會，對方在講話時也夾雜著英文單字。但是他夾的跟時下青年夾的很不同（其實仔細回想，大家會夾的字都差不多哦），從他開口說了「我們的WISH是幾月幾號交貨」，我就覺得腳心癢癢的極想踹之而後快，後來又說了一次「我們的WISH呢，是希望叉叉圈圈點點」，拎北*直想呼他巴掌然後過肩摔再把他提起來用膝蓋頂他的胃。更氣的是他的WISH不太合理，跟哇ㄟ*WISH差很多無法達成共識。現在一想到這件事我又休誇*上火，嘴皮裡快長出鵝口瘡惹*……（用力掃掉桌上的文具）

對了，有個英文因為太常被用到，用久了就變中文了（甘五摳零*？），那就是BYE-BYE這個字，它根本已經幻化成掰掰，就像土生土長的國語來著。我個人每每看到掰這個字，就覺得好像正在掰開什麼，心境十分微妙。還有過那麼一兩次，跟合作廠商聯絡時，為了強調交辦事項的急迫性，在掛電話

前說了「快去幫我查，真的很急，掰～」掛掉後一陣羞赧，感覺自己剛剛好像說了粗俗的話……

所以，急的後面絕對不能加掰，同學們要注意蛤˙～

烙*英文的KNOW-HOW

1　適時的烙*一些英格裡許*可以增加專業度。

2　烙*太多很欠揍請酌量。

3　「很急」的後面不要加「BYE」。

4　「G8」高峰會唸成「G EIGHT」比較好。

職業生涯（8）

愛和歡笑和中央空調

!? 某天看到一個關於職場的調查，有七成的員工覺得工作環境險惡，甚至有兩成多的民眾表示曾在工作中被出賣，抱著「過一天算一天」或「考慮隨時換公司」的心情在工作，只有百分之六的人信任自己的上司或主管。

看完之後我覺得出賣這個字眼也太激烈了點。想想本人工作十數載，好像很少在公司受到委屈。也可以說，我覺得在工作時受點委屈很正常，其實沒什麼大不了。在哇ㄟ*工作生涯中遇過最險惡的事，目前印象比較深的是在廁所聽到隔壁間有人剉賽*很大聲（好微不足道的困擾啊），聲音大到我覺得此便後座力很強，不綁個安全帶她會被衝向外太空這樣。雖然我知道同事也不是故意逼我聽的啦，如果可以忍誰會願意在別人面前大得這麼慷慨激昂呢。但是在那小小的廁所裡迴盪的立體聲，足以讓本人接下來一整天的心情都很陰鬱連笑起來也不快樂了。

哎呀離題了，回到職場環境險惡上（跳一下*）。

好像很多人都喜歡罵同事罵公司吼？我常看到大家的MSN暱稱在批評公司文化，有些激進點的甚至會開個部落格匿名諷刺工作伙伴。每每看到這種東西，我就覺得這人心態休誇*不健康，別人做什麼都看不順眼，彷彿全世界都得罪他一樣。可能因為我這人生性悲觀吧，又或者我比較宿命一點，一向覺得人類進公司就是去受苦的，工作又不是行善做功德，我們可都是有領薪水的，拿人錢財與人消災，會遇到一些鳥事很正常，太順遂才奇怪，實在沒

什麼好抱怨的。

說到這（話鋒一轉），有天我看到一個賀叉航先生光顧的應召站被破獲的新聞。據說那是北部最大的應召集團，警方查扣的花名冊厚厚一本讓人目不暇給，本子上除了記錄小姐的年齡身高罩杯及價碼之外，最後一欄是客戶短評（事後還有做滿意度調查就是了，不知道是馬上寫回函卡還是進行電話訪問？這就是服務業的精神啊）。

評語五花八門，有一位小芬被寫成又老又醜，小文被形容成又老又恐怖（好想知道有多恐怖哦），祖兒的評語是5K美女脾氣差（啊不就是叉交*一下，這段過程中到底哪裡會發脾氣還真是費疑猜），文文的註解欄被寫上恐怖分子（不知道她是不是開飛機撞一〇一或是在捷運站施放毒氣被抓到過）……最過分的是YOYO，她被寫成「熟女，太熟了」，結果一看年齡才二十二歲啊啊啊（抱頭），在下要是早點著床*都可以生出一個她來了，二十二歲的小女兒竟然被嫌太熟，那拎北*已經熟到焦掉黏在鍋底刷也刷不掉了吧（煙）。應召界對於年齡方面的要求未免也太嚴苛，呼籲年輕美眉不要踏入，不然做沒兩三年就被嫌老，太心酸了啊～

這件事跟主題有什麼關係呢？其實筆者只是想藉由這個小故事大啟發的例子告訴大家，在工作上被老闆刁難跟同事互陰被客戶投訴都是再正常不過的事了，不需要大驚小怪到有「過一天算一天」或「考慮隨時換公司」這類情緒，因為無論做哪一行換什麼公司都一樣啊，人生就是這樣啊～（煙）唯有從心底散發出「我愛公司，公司愛我，WE LOVE EACH OTHER」的信念才能做個快樂的職場人，MONDAY才能再也不BLUE啊。

像我就對上班充滿了熱情，覺得出門總比在家浪費自己的水電好，公司充滿了愛和歡笑和中央空調，簡直是人間仙境來著。每年夏天到了家裡熱得像火烤時，本人甚至勤奮到禮拜六日都想進辦公室為公司盡棉薄之力啊。

若要問公司為你做了什麼，請先問問你為公司做了什麼！正在看書的朋友

整個城市 都是我的小便池

吸水尿袋是您的最佳選擇
獨特速凝劑讓尿液變果凍 讓您走到哪撸到哪

我的緊繃時刻

全新緊繃體驗　擋不住的S曲線
女人不要貪舒服　快快穿上塑身褲

們，請放下對公司對同事的成見，和我一起當個敬業樂群的好員工吧～（搭肩搖）

我愛公司公司愛我的KNOW-HOW

1　夏天在家不要開冷氣，益發顯得公司涼涼的很美好。

2　不要跟同事太熟就不容易交惡（吧）。

3　工作到無力感很重時，翻一下薪水條想想入帳時甜蜜的滋味。

4　試著不要抱怨，多看看光明面吧。

千奇百怪的公司規定

每間公司都有一些奇怪的規定，我曾聽說有的公司不提供廁紙，大家想用的話要自己帶；也聽過去廁所要計時，不能超過幾分鐘否則要罰錢（她是補習班櫃台）。不過這都是比較久以前的例子，現在市面上好像比較流行禁網路，MSN、嘆浪或開心農場都是老闆們的眼中釘。據說還有封鎖某些部落格的，之前就聽到某版友說哇ㄟ*宅女日記被他們公司鎖了，當時覺得好拉風哦～被鎖是紅的表現吧（摸臉）！不過我覺得這規定很怪，要嘛就全部鎖，世上的部落格何其多，鎖一個還有千千萬萬個啊。

我聽過有間公司規定女員工頭髮要綁好（我以為只有空姊會這樣規定），在公司規章上寫著「勿披頭散髮自以為浪漫」；有的公司會規定服裝，吾友克萊兒的公司好像有一陣子規定大家不能穿牛仔褲上班。我們隔壁公司也對服裝有某些規定，只有禮拜五是自由日，大家可以穿得輕鬆些。然而，私以為過多的規定只是讓人類更渴望自由。該公司有個總機阿嬸，應該有點歲數不過看起來頗年輕身材也保養得很好，會叫她阿嬸是因為她兒子很大了，研判她年紀並不輕（或是她十三歲就產子惹*）。阿嬸很帶種，在某個禮拜五穿了整套像是泰航制服的服飾來上班。不知道她是出國玩買了這種服飾不穿很矮油*，還是她殺了新航的空姊然後偷走衣服（戰爭片裡都會有大兵搶屍體的服裝佩件來用的劇情），總之那身衣服狂野到讓人傻眼。而且她穿了不只一次，每次看到那身衣服我就會很想靠近她，證實這一切不是我的幻覺。有次我又尾隨她進入廁所（我們兩家公司共用廁所），聽到她同事說：「哇哦～妳

今天好特別哦。」特別並不代表好看啊，希望大家要牢牢記住這個教誨。

說了這麼多，我要帶到自己的公司了。

敝公司老闆對於整潔的要求超乎想像，某天他走在走道上突然覺得每個人都有一個垃圾桶很刺眼，認為垃圾桶是髒亂又落後的表徵（？），於是乎下令收走大家的垃圾桶，以後每個大區域只配給一個，約莫是每六到八人共用一桶。一開始覺得沒什麼，只是不能順手丟垃圾而已嘛，後來我花現＊人類的惰性是很堅忍不拔的，大家會開始在桌上堆放垃圾，而且山不轉路轉，同事還研發了一些替代方案，例如在桌子底下放小袋子裝垃圾。我個人因為桌子底下旁邊都塞得滿滿滿，阿寶建議我勾一個紅白塑膠袋在手臂上，有垃圾就順手丟進去環境才不會髒亂。有些桌面比較乾淨的會放置小紙盒，把它當做個人垃圾桶來用，而敝人有天喜獲一個扁長形大紙盒（上面竟然還印了蕭敬騰），剛好可以塞在桌縫間，當然它就成為我最珍惜的垃圾桶了。蕭敬騰盒用久難免會有老態，但用了一陣子也產生感情，畢竟它解決了我的不便，於是我細心的用膠帶把它貼好，盡力讓它維持最初的模樣。

說了這麼多還是沒進入主題哦（很強吧！）！主題是有天早上我上班時發現蕭先生不見惹＊！踏馬的＊我的垃圾桶竟然被當成垃圾收走了！！它可是我上班最重要的東西啊啊啊～我焦急的都沒心情扁班＊惹＊。然後不知為何，我想到很久以前我姊的某位男友，他家養了一條長得很像破布的狗，只要單獨出門就會被捕狗大隊當成流浪狗捕走，主人因此常常要去相關單位把牠領回來。家狗被當成流浪狗和垃圾桶被當成垃圾，不禁讓人感嘆人生的際遇啊……

快速上廁所的KNOW-HOW

1　小便時要用力，必要時縮腹擠壓膀胱。

2　大便忍到快忍不住再去，可縮短蹲馬桶時間。

3　同時做兩件事，例如一邊尿一邊拿衛生紙。

4　洗手時洗三根用到的就好其他的不用洗，省時又環保～

職業生涯（10）

團購為上班之本

出了第一本書之後，很多人問我為什麼要變裝。還好竟然有機會出第二本書，在此就為大家解惑一下。

當初會決定戴怪眼鏡，是因為很怕被同事知道我的身分。我天真的以為本人這麼低調，走在路上換個髮型同事應該都認不得才對，更何況還戴了個怪眼鏡。沒想到後來很多同事都知道了，直到公司裡算是最不活躍的會計部小姐也來問我出書的事，我就知道紙包不住火，全公司應該都知道我的祕密了。枉費我藏了這麼久，還很得意於痣己*的低調，真是太丟臉了啊～

其實我這人很難相處，平常除非必要否則不太跟人說話是我的本色。之前同事來問我：「有幸拜讀妳的大作嗎？」我很尷尬的笑了笑，心裡其實在想妳要讀就去讀啊不用來問我吧。後來有個不常見面的前合作廠商業務，也是聽人說我出書了（是的，連合作廠商也都知道柳*），有一次來問我：「妳的書叫什麼名字，我要去買。」我心裡想你要買早買了不用特別來跟我說這種社交語言，業務果然不是幹假的，更何況我的書名連我自己都難以啟齒，胯下界日記能掛在嘴邊能嗎能嗎？！而哇奔郎*心裡的話有時就像嘔吐一樣忍不住，所以就直接說：「都出一個月你想買早買了吧，不用來說客套話了啦。」他承認後默默的走掉惹*，我則暗暗反省了一下自己是不是太不上道了，社會化不夠成功。前幾天還有個同事經過我身邊時，輕輕的對我喊出宅女小紅，我也輕輕的對她說聲幹然後輕輕的走掉……本人人緣不好之謎終於宣佈破案了啊～（木槌敲桌）

被同事知道雖然很糗，而且再也不能偷偷的觀察同事然後說他們閒話，免得有天上廁所時會有從天而降的尿尿水球（←不知道他們做好了先藏在哪兒吼），或是發生鞋子裡被丟釘子及位子上被灑冥紙等情事。然而還是有很多好事發生的，像是最近大家下午團購時都會揪*我，還有人會從遠方大聲問我要不要到町*，扇班*十年了第一次感受到溫情。

不過說真的，太常團購孫體*真的無法負荷。前陣子公司的美眉們失心瘋似的一週兩、三次中午訂雞排下午訂飲料，我跟了一次雞排團後發現了一個事實：大量採購的雞排送來會溼軟，沒有當場買當場吃那麼爽脆，而且任何炸物買來後袋子一定要打開來讓它吹吹風，不然出水起油後吃起來會很不開心。雞排不是適合企業採購的產品，下次應該改訂鹹水雞才是。還有飲料這個東西，我發現以前每每看到別人喝清心福全都很羨慕，現在要我兩天喝一次也是休誇*煩（我就是這麼討人厭啊），但是盛情難卻，人家都特別指名說要記得問我了，不訂好像說不過去只好勉力的喝惹*（還邊喝邊揪著床單哭泣，像電影裡被員外那個的小丫環）。這一切的一切只能怪我自己一直靠夭*別人不約我啊～～

我最近團購運似乎很旺，旺到我懷疑命盤走入了團購這一宮。如果是唐老師會說：「摩羯座的朋友要注意了，最近團購的機會很多，但要小心過量可能會傷身體。」黃友輔老師會說：「名字有紅字的人，朋友會一直叫你買東西。」連神貓咪咪都會喵出：「不要再買東西了喵喵喵。」剛開始是同事在揪團買阿舍乾麵，我本來一點興趣也沒有，因為敝人走跳*江湖有一個原則就是拎北*要吃有湯的麵，海產攤的炒麵我都不太碰，薑母鴨的麵線一定要加點湯再吃，這樣的我怎麼會對乾麵有興趣呢？而且竟‧然‧要‧等‧半‧年！（登楞*～）可是人類都有個犯賤的靈魂（不會只有我吧），心想要等半年的東西肯定美味極了，加上旁邊的同事又適時的發聲：「妳願意承受半年後人人有乾麵唯獨妳沒有的苦嗎？」我就立馬*填了訂購單耳根真是太軟了啊～

然後是主婦的好朋友高科技泡棉，本來我也是不想訂的，因為我家還有很多塊，就像天上星星數不清個個都是我的夢一樣多。啊嗯勾*同事立刻眉頭微蹙拔高音調：「可是這個用很兇耶～而且洗茶垢超有效的！」剛好我最愛喝茶了，這種說法就像告訴傑森不管你殺了幾個人內臟怎麼噴，只要用了高科技泡棉擦拭，李組長或何瑞羞怎麼驗都驗不粗乃*，這樣我能不買能不買嗎（左手背拍右手心）?!於是我又下訂柳*～（剁小指）我家的數包高科技泡棉又將有十包來相陪，醬*我出門時它們也不會寂寞了。

除了食品這世上能團購的東西越來越多了，最近有網友說要組溶脂團，其實我挺想當團主的，因為平平*是知名部落客（撥瀏海），女王帶團去曼谷我帶團去溶脂這個反差感覺很有戲劇張力（←或是別人會覺得這個部落格是胖子集散地）。但我暫時無法再做，所以只好讓大家自己去組惹*，把我當成精神領袖馬鞍界的吳鳳就好溜*～（敬禮）

團購的KNOW-HOW

1 被問三次至少要買一次，免得下次人家不揪*你。

2 團購是同事間話題的橋樑不可不GO。

3 冷靜想想那些東西其實可有可無，所以建議不要買太多。

4 沒吃過阿舍乾麵無法在社會上立足，要加減買一下。

第4章

技能提升

一技在手希望無窮

宅女小紅の
空虛生活智慧王

技能提升（1）

請叫我S型女王

!? 「台北美國商會表示，台灣人民有各種美德，但是一旦掌握方向盤就
    走樣；而且駕照考試制度荒謬可笑，完全不切實際。」前陣子看到這
條新聞，覺得說得真是太對了啊。

然而重點不在於台灣人的美德會被方向盤瓦解，而是鄙人一向認為駕訓班的
考試項目不太合理，都不是日常生活中有機會遇到的東西。就拿那個世界級
奸巧的S型來說，請問各位除了在駕訓班外，人生的旅途上可曾遇過它？進
去就算了還要倒出來，根本只是在考驗學員有沒有背口訣啊！一開始我都會
卡在裡面搞得嗶嗶聲大作，有時會無助到想在裡面哭泣，還常在S型中間熄
火，邊發動邊詛咒S型呷賽＊S型係厚＊S型灰朽厝＊，直到我找到方法（啊不
就是背口訣嗎），才開始在裡面單手操控穿梭自如，進而得到S型女王的封號
（跟飯島愛的T字褲女王感覺是好姊妹來著）。

還有一件事能證明S型灰常＊不人道，就是我在駕訓班時偶爾會看見一臉油
條樣的中年男子，他們是千山我獨行不必相送的楚留香級人物，從來不需要
隨車教練。像我就很需要，某次教練有事不能陪我到下課，導致當天車停了
半天都停不好，最後嚕＊到腋下都溼了才終於喬正，但不小心距離隔壁車太
近門打不開，只好從副座爬出來。

啊離題了，回到那些老油條身上（跳一下＊）。

他們開車都很愜意，常一手握著方向盤一手夾根菸垂在門外，跟我們這些戰
戰兢兢的菜鳥不同，研判是開車開了很多年，但不小心做了什麼不好的事而

被吊銷駕照重新來考的吧。當年我對他們很是愛慕，常在邊邊欣賞他們腮挷*的英姿。啊嗯勾*再怎麼瀟灑遇到S型都沒門，而且平常越是有在開車的人，越是不願放下身段背口訣，就更容易卡在裡面，來一個卡一個來兩個卡一雙，S曲線讓多少英雄盡折腰啊……

除了教出一堆沒口訣不會開車的人之外（我曾經在轉彎時問男友方向盤要打幾圈，他無法回答叫我要憑感覺，那時在馬路上覺得好無助，人家駕訓班教戰手冊都會清楚的註明「向右轉兩圈半」之類的，不告訴我幾圈我連彎都不會轉了啊），駕訓班還有一個問題，就是不會教你考試項目以外的東西。而且他們做得很絕，通常一踏進去車子都發動好大燈也開了，即便我個人是高分取得駕照的（撥瀏海），但第一次坐上非駕訓班車輛，連大燈和雨刷都不知道長在哪。雖然大家都說每台車的位置不一樣就算教也沒用，但我感覺應該是大同小異的（是的，是感覺，哇奔郎*還是跟它們很疏離），教一下讓人心裡有個底不是很好嗎？

說說到這，敝人有一次借別人的車自己出去練習，開不到二十公尺就看到前方有個臨檢站，因為無法確定自己可以開過去而不輾到警察的腳，所以嚇到趕緊停到路邊。可能因為行為太可疑了，警察快步走向我想盤查一下有無不法情事，但當我要開窗時卻發現門把上二十來個按鈕，一代愚婦我本人不知哪個才是開窗鈕，結果一下鎖了中控一下調了車側後視鏡忙得不可開交，窗戶依然紋風不動。警察嘴巴一直在動但我始終聽不到他說了什麼，好怕他要掏槍了啊～（離題）

這則新聞上還說，歪果忍*覺得「台灣常見的美德，諸如禮讓、不搶鋒頭等，到了道路上變得非常不一樣。包括搶黃燈、闖紅燈、違規停車、不打燈就換線、跟車太近、任意切進別人的車道、超速、違規迴轉、雙黃線違規轉彎、不禮讓其他車輛、任意占用行人道、在單行道逆向行駛、占用兩個車道行駛、不肯禮讓行人」。我也不知是真是假，只知道少數的幾次道路經驗

中，都被教導說停黃燈相當危險，還會被後面的車狂叭叭到自尊受創，所以我一直以為遇到黃燈就要催油門，停黃燈是天怒人怨沒朋友的行為來著。還有最重要的一點，就是我聽過好多阿豆仔*在台灣不敢開車的例子，像我們台灣人只要在忠孝東路腮*九遍，再怎麼奸險的路段對我們來說都是一塊蛋糕也，這樣說來這種開車習慣也不算太壞（吧）。

最後提醒大家開車要注意安全，以及我好慶幸自己活在背口訣時代哦，因為上道路駕駛課時我從頭尖叫到尾，如果變成考試項目一定不會過的啊啊啊～那就少一張證件可以借漫畫了縮*。

考駕照的KNOW-HOW

1　除了背口號還是背口號。

2　從頭到尾用一檔慢慢滑，慢到連線也壓不過去，就不會嗶嗶叫溜*。

3　可以的話偷偷在車上做些記號。

4　以後要路考了，怕上路的趕快手刀*先去報考駕照吧～～～（怕上路幹嘛考啊我說）

拜拜愛字意*

這件事說來話長，家母美雲有天騎摩托車摔車，一摔摔到顱內出血住進加護病房，整個人沒了意識插著一堆管子躺在那，真是我人生中最恐怖的回憶。

一開始沒告訴朋友，總覺得突然去電告訴別人這種事好怪。差不多等到第三天，我心情平復了一點點，講到這件事時不會噴淚了，剛好和友人江姊聊到天，就順便告訴她這起意外。她對我輕描淡寫的敘述及感覺不到緊張的口氣感到很不滿，說這事等不得一定要問一下老師才行，立馬*手刀*幫我約了熟識的宮廟，我想江姊本身是神風特攻隊的組員吧。

我把要去拜拜的事告訴兩個姊姊，沒想到她們都要跟。因為加護病房一天只能進去兩次，其他時間家屬也不能幹嘛，她倆在台灣是沒工作的，那段時間人生中的唯二活動就是早場看美雲和晚場看美雲，反正閒著也是閒著，「問老師」這麼有意義的活動當然要加入溜*。

不知道拜拜時大家都會說什麼，我個人是會說信女＊＊＊民國幾年幾月幾日生（會在心中把民國二字用粗體表現，勞煩神明自己換算成農曆，因為農曆我老是忘記），家住哪裡目前有什麼事想請神明到撒缸*安捏*。講完很多次之後（因為宮裡神明超多），友人阿寶突然問我有沒有講老家住址？我說我講的是自己家的住址甘美賽*？她縮*當然不行，她個人如果要請神明保佑誰，就會追加對方的地址，免得神明找得太辛苦，或是同名同姓的人太多神明會辦錯案，到時候保佑錯對象事情就大條了，為了保險起見最好把對方的

臉部特徵一起告訴神明，小心駛得萬年船。有時熊熊＊忘記住址，就說高雄市叉叉路的圈圈大樓這樣，反正一定要把住在哪裡形容清楚就是了，這是拜拜的重點來著，難怪她拜完一尊時我已經拜完三尊柳＊。

我問了姊姊弟弟們，竟然沒人會背家裡的住址（登楞＊～），因為我們都不曾住在這個家裡，之前過年回家還走錯樓呢（羞）。二姊溫蒂主張這樣告訴神明：「請保佑淡水叉叉路直走看到此燈亮有餅招牌右轉，住在理髮店招牌的三樓的美雲早日康復。」可私以為這樣講太兒戲了，神明會以為我們是來亂的，應該不會優先處理我們的CASE，祈禱的卷宗會被往下放嗯湯啊嗯湯＊。當下大家都很著急，但是又不方便在眾神面前摳奧＊給爸爸問家裡住址，這樣會顯得很不孝。加上我家大姊聽聞媽媽出事，急急忙忙從米國打包簡單行李回家，沒仔細選衣服所以天天穿得跟妓女一樣（歪果忍＊比較開放），一點都不像媽媽病危應有的表現，老師心裡也覺得我們這一家子都很怪吧。

看到這裡，大家知道拜拜的重點是什麼了嗎？就是記得要背下想保佑的人的住址啊～

宗教的力量真大啊，我在那之前心情一直很不好，不知怎的拜完後看到老師做完法會，心情整個放鬆許多，甚至和阿寶在宮廟裡討論起下流的事。

起因好像是我說媽媽腦部躁動會一直扯導尿管，看得我覺得下面好痛，畢竟它從尿道口直搗膀胱，在孫體＊裡的部分想必很長。江姊說沒錯，她家長輩在取下尿管時痛到飆三字經，然後我說那管子那麼軟（起碼在身體外的部分是軟的），那麼不硬挺的東西要怎麼鑽到身體深處實在相當費疑猜。此時剛好桌上有罐飲料插著吸管，我就用食指及拇指搓著吸管，想要表達軟的東西要這樣慢慢嚕＊才進得去吧？這時一直在神遊中的阿寶眼神一亮說妳在搓瞎密＊?！我回答因為尿管不夠硬，要插到裡面就要像釀＊慢慢搓感覺才會硬挺一點，耳朵不知生了什麼病的阿寶又問什麼硬什麼東西要變硬，難道插導尿管前要先把那個弄硬……

在宮廟說這種事真的太撿角*了，希望神明不要把這筆帳算在美雲的頭上啊
啊啊～

拜神明的KNOW-HOW

1　不能有事才求神，沒事也要問候一下神明。

2　要記得農曆生日。

3　要記得家裡住址。

4　有什麼下流的話盡量留到出廟再講，按捺一下厚嗯厚*啊～

技能提升（3）

冬季火鍋食用指南

有鑑於國人對於吃火鍋這件事總是一知半解，為了提昇本書的教育意義，以及履行身為麻辣鍋活字典的我必須肩負的社會責任（我不在火鍋店，就是在去火鍋店的路上），今天就來跟大家分享一下關於吃火鍋應該有的態度吧（扶眼鏡）。

首先，我個人主張吃麻辣鍋時一定要點大辣，怕辣學人去吃什麼麻辣鍋呢？當然也有過幾次經驗是點大辣時服務生表示本店大辣極辣無比，嗜辣如我者也會嚇到先點一個中辣試試（在辣的世界中鄙人就是這麼偉大而謙虛啊～），結果每次都讓人很失望，然後再去跟老闆追加辣度。觀察了幾次，我發現再加辣這件事一來浪費時間，二來整鍋會變得比較稠，所以真的強烈建議大家一進店裡就要點大辣大辣大辣，如果有那種只願點小辣的朋友，以後就偷偷去吃不要約他了（只吃白鍋的認分青年不在此限）。還有，小辣真的只是顏色深一點又鹹鹹的火鍋，不行不行不行啊！

另外，我發現很多人尤其是男性朋友，常覺得麻辣太上火，試圖在火鍋店裡取得一個身體的平衡，又或是他們覺得太辣了，但是表現出受不了的樣子有損男性的尊嚴，於是把他自己感覺比較無傷的青菜類下到紅鍋裡煮。他們總以為青菜是個平淡又健康的食物，殊不知它是最會吸油的東西，吃了它等於把辣油都喝下去了。我就遇過一個中年男子，因為沒法吃辣又不敢在女生面前承認，只好不停的下高麗菜吃，萬萬沒想到吸滿辣油的菜成為壓垮駱駝的最後一根稻草——該名男子在回程的車上噴屎，人生的白紙上登時留下豪

大一個污點，日後想要娶大戶人家的女兒為妻可能還會被對方父母刁難，整個人生都毀了啊。

還有一件事是我個人最肚爛*的，就是火鍋餃肆虐的問題。在下本來就對魚漿製品沒什麼好感，加上它的皮和餡兒不是同林鳥，每次煮久了就會各自飛超討厭的。它要靈肉分離也罷，煮久了還會讓紅鍋整個變得很濃稠，所以每次同桌只要有人放火鍋餃下去，我就會沒辦法再認真聊天，心思都飄到鍋裡去注意它開了沒，一開馬上貼心的幫大家佈菜。這個假溫情真賣淫的舉動，其實是怕它煮久了變稠，會帶壞一整個紅鍋嗯湯啊嗯湯*。如果你去火鍋店常會覺得湯底不耐煮，煮久了會勾勾ㄟ*，請記得羞昂教你的撇步*，下次對餃類進行管制，相信一個小動作就能解決您的困擾。

原來把自己擅長的事分享給讀者是這麼開心的事，希望以上的資訊對大家的人生有所幫助。最後祝大家在火鍋店裡都能旗開得勝（一時想不到其他的賀詞）！咱們有緣再相見～（揮手下降）

對了（緩緩上升），之前有網友問我：「羞昂啊～妳常吃火鍋難道不怕外套老是飄出鍋味嗎？還是妳吃一次洗一次呢？」這位朋友，當然不可能有這種事啊！出去給人洗外套好貴啊，洗兩次就能吃一鍋了嗯湯啊嗯湯*。以前我都是吃完火鍋後，回家用熊寶貝衣服芳香劑噴外套，把外套醃起來這樣，醃完再掛到陽台晾一晚隔天就沒怪味了。但現在發現一個更好的方法，就是用同桌友人的外套包住自己的外套，形成一層保護膜，外套就不會再有惱人的火鍋味囉～

（跟我一起）站在麻辣鍋之巔的KNOW-HOW

1　多方嘗試，看到新開的店就去企跨賣*。

2　盡量點大辣訓練膽識。

3　青菜和海鮮請放白鍋。

4　被辣到就打落牙齒和血吞千萬別喝冰飲，那對事情沒有幫助。

盡信導航不如無導航

最近友人買了新車，突然從歐兜賣*變成腮掐*，對路上的一切都很不習慣。這點我也深有同感，私以為要能開車，除了要會讓車子動以及會看照後鏡外，還要跟路很熟才有辦法到達目的地。像在下剛開始想用腳踏車代步時，都只能走公車路線，就是去站牌跟大家一起等公車，再一路尾隨它（我知道這很蠢）。然而這個做法有個隱憂，就是有的公車會上橋，到時就只能兩手一攤的回家柳*。

友人也差不多是這種情形，然而他以前的人生一直覺得待轉可以帶他去任何地荒*，殊不知汽車是不能待轉的，因而花了很多時間和油錢在走冤枉路。怪的是他有裝導航哦，跟著他一起使用了幾次導航後，我開始覺得導航以前是白雪公主的壞繼母，根本存著壞心眼一直帶著我們亂繞路，自己則靜靜的躲在某處嘲笑我們。

有天我和江姊阿寶約了要去師大夜市，新生代車手因為跟車子還在蜜月期，很想腮*遍大街小巷所以來載我們。說到這，友人因為剛開始開車車速極慢，有天我嫌他開很慢他回我：「屁啦我都開到六十。」六十還用到屁啦，這人自我感覺也太良好惹*。而以當計程車司機為職志的江姊表示她一不小心就一百二，所以那天一直聽到江姊大喊踩油門踩油門，我的右腳都會反射性的用力一下。去完師大我們臨時決定要去看電影，選擇了離師大最近的東南亞戲院（吧），無奈的是我們不知怎的開不到那，只好改往信義威秀前進。

一路上導航一直帶著大家亂繞，而且司機小哥跟路太不熟了，有時駛著駛著

會情不自禁的跟著前面的車亂轉彎，眼看直直走就能到威秀，冷不防來個急轉我們又離開了，或是腮*到公車專用道上還縮*這個車道都沒車耶為什麼沒人走。有幾次我已經看到威秀的屋頂，快聞到它的味道了，但車子就像貪食蛇快咬到尾巴釀*的快速轉彎，然後跟目的地漸行漸遠。我們就像在玩一個遊戲叫「找出最接近威秀但不進去的五個方法」，一直在影城附近蛇來蛇去*沾一下沾一下。幾經波折（像賭神的太太被殺又喪失記憶被路人撿去又慢慢恢復記憶又變回賭神那樣的波折）終於到達了威秀，看完電影出來約莫十二點吧，先回師大讓江姊去給黃禎憲看一下，然後結束今天貪食蛇之旅打道回府。

回家的路上我們最失敗的政策就是讓最會認路的江姊先下車，之後雖然阿寶表示走某路回中和最快，但導航不這樣認為。由於我們一路上一直辱罵導航，在一天的結束想跟它交好並釋放善意，於是乎走了它建議的路。我們輸入的地址是中正路一號，結果它帶我們繞啊繞的（像賭神的太太被殺又喪失記憶被路人撿去又慢慢恢復記憶又變回賭神那樣的纏繞）穿過大街小巷還經過一個市場，最後出沒在中正路一千多號處。阿寶表示導航是個忘拔蛋*，一開始如果走她建議的路她早就到家可能連澡都洗好惹*。我則摀住導航的耳朵希望它不要吸收這些負面能量，反正已經在中正路上惹*，直直桶*就會到了啊。

萬萬沒想到事情沒這麼簡單，中正路很奸巧，約莫六百多或八百多號時有個極小極小的小小交流道口，小到離它十公尺時才看得到。案發當時我正在想縮*阿寶快到家了，把導航設到我家去吧，就開始低頭操作，還沒打完呢，就聽到阿寶大喊不要上橋不要上橋，想縮*花生*什麼事啊，一抬頭我們就在橋上了，而眼前的牌子清楚的標示著目的地是桃園。

干*！突然要去桃園我沒心理準備啊。經過了三個隧道口阿寶吃掉了十二個師大夜市的水煎包後，我們終於千辛萬苦又回到中正路上。這回我們不再輕

信導航，改聽地頭蛇阿寶的話，並且建議她請老公站在巷口，看到我們的車經過就伸出手把她扯回家，免得再度玩起最接近她家但不進去的五個方法。

最後，清晨三點多，我終於踏入了家門……導航呷賽＊導航係厚＊啦！

就在友人以為他慢慢了解導航的世界後，不久後它又發神經了。

話說之前我接受了一個採訪，訪完覺得被掏空了身子很虛，於是約朋友去陽明山上喝雞湯。我們差不多七點從內湖出發，其實內湖離陽明山不遠（吧），印象中走內湖路經過美麗華進入一個隧道後，先看到中影文化城，然後會遇到一個T字路口，正前方的大樓上有個筆電的廣告，廣告是一個女生露出屁股肉，看到她的卡稱＊後右轉直走就上山了（這就是路癡記路的方法，想想真是太不可靠了啊）。但上了山後其他的我都不知，所以想想乾脆一開始就輸入地址，全程仰賴導航。

我們從內湖先聽從導航的指示上了一個交流道（←跟我心中的路線背道而馳），下橋時人在圓山附近（吧）。那是一條很大的路，右邊有鬍鬚張左邊有麥當勞，在中山北路、右轉是福林橋的那個T字路口，導航裡面躲著的小姐一直說前方・路口・左轉（她講話就是醬＊頓一下頓一下的很欠殺啊），可地上的箭頭全部指向右邊。在等紅綠燈時我和運將大哥商量了一下，我個人主張小姐應該不會騙我們（對不起我錯了），為了保險起見，我還拿出相機蒐證，如果被警察抓我就拿給他看，說這是導航的指令我也某花兜＊。結果綠燈一亮橋上的車紛紛左轉衝下來，這時想左轉跟那個叫瑤瑤跑步時邊邊不要搖晃一樣有難度，我們只好隨波逐流的上了福林橋。我不知道別的導航是怎麼作業的，這個是只要一走錯路就會開始重新計算路徑，我們一上橋它就重算了，立馬＊給一條新的讓我們照著走。一路上當然免不了用想得到的字彙一直辱罵它，上次讓我這樣失控的人成了在下第一本書的主角，所以我想導航應該榮登本書的主角了吧。

就這樣邊罵邊走，駛著駛著突然有種奇妙的感覺。有時候我們去到哪，會覺

得好熟悉彷彿夢中出現過這個場景（好像有個專有名詞但我忘柳*），那時我個人就有這種感節*。還沉浸在奇妙的感應中無法自拔時，才知道原來我又回到了那個路口，難怪似曾相識，畢竟十分鐘前才走過一遭啊！然後在那個該死的路口導航裡面內個*臭婊子又勸我們左轉了。此時駕駛開始生氣，怒火中燒到浩克都長大惹*（非雙關語），而我又忍不住勸他左轉看看（因為路上沒有任何標示說不能左轉啊），綠燈一亮所有車子跟之前一樣往我們這邊衝，我們只好又像魚群一般跟著其他隻一起往福林橋上游，上了橋後導航照例重新計算，然後給我們一條跟剛剛一毛一樣*的路線。

干*，是要我們繞幾次啦！有部電影叫《見鬼》，裡面有個跳樓自殺的人每到一樣時間就會再去跳樓一次，路口如果有警察，看到我們在同路段一直來來回回上橋下橋，應該以為我們是同樣情況，下班後馬上去行天宮收驚了。當時差不多是八點多，經過這兩下，任何有血性的男兒應該都不會再聽信導航了，於是我們決定請導航去呷賽*順便把它截瞎靠一己之力上山。

對了，還有一次更過分，它把我們帶到一個荒郊野外根本沒有路的地方，開到一半還要停下來等羊群經過，然後在放眼望去什麼建築物都沒有的地方宣佈：已到達目的附近，語音導航結束。踏馬的*我是輸入蘭若寺嗎，導航是現代小倩專把人騙去餵姥姥吧，導航呷賽*導航係厚*啦！

遇到鬼擋牆的KNOW-HOW

1 要相信一切都是幻覺你嚇不到我的。

2 這是導航在從中作梗。

3 萬一其實沒在用導航。

4 那應該快要看到蘭若寺了，一切都是命啊。

技能提升（5）

國際龍舟錦標賽之溫刀抵隊

二〇一〇年鄙人的應景魂又增加了十年的功力，因為我報名了國際龍舟錦標賽！（海風吹髮稍）

由於在下只是一心想報名但都沒在看字的，畢竟報名規章太長，我如果這麼強有辦法看得完早就去NASA工作上太空惹*，所以我們的「溫刀抵隊」能報名成功全是友人KY和小慧夫婦的功勞，除了處理很囉嗦的報名手續外，在下沒什麼朋友根本湊不出一條船需要的二十幾人，全靠KY人面廣才有辦法快樂的出航。而且這些成員大有來頭，都是參加鐵人三項的鐵人們，想到這我就覺得根本應該直接取名「國家代表隊」才是。

龍舟訓練在大直橋下河濱公園進行，那裡豪*～～～臭啊，要在此處呼吸幾小時真是靠杯*的考驗。集合完畢後發現本隊壁壘分明，鐵人群一看就知道很殺，都穿車衣車褲據說早上剛騎完五小時單車直接來，而我方的文青組看起來則很喜樂，友人史奴比縮*她早上洗澡時水有開比較熱，也算是有暖身過了。除了女生看起來不柔但很弱外（好慘哪），我們的男性代表小腿還很白，一副每天在家打電腦很少出門的樣子，鐵人們應該有偷偷以為他們是白子吧。

大會配有教練指導大家，先在岸上練動作划了一下旱船，然後就上龍舟實地操練。划船挺好玩的，加上鐵人們都有熊的爆發力，不節制一下一抬頭就發現划到外海了吧（某摳零*），只是划完回家屁股相當痠痛，單邊使力害我一直抽筋超沒用的。到了第二次集訓那天，划了一輪後鐵腕教練幫我們重排位

置。本隊排序政策是越弱的排越後面，本來以為我會在中段吧，怎麼說也是運動型女孩兒啊，沒想到重排之後我變倒數第二個，其實下體作家的心也是肉做的，這樣感覺很傷人哪。

以前就耳聞阿豆仔*很喜歡參與此類民俗活動，這話真是不假，我們遇到了白種人船日本人船和黑人船，而且超賣力的一點都不像生手，拎北*可是從小和屈原一起長大的歹丸郎*，輸歪果忍*像話嗎！剛好坐船尾的都是老弱殘兵，我想大家對我們也沒什麼期待，索性開始用成龍電影裡阿豆仔*的說話方式，專心的對歪果忍*放狠話：「泥門輸盯了！」「蕭型！窩悶花哼快！」並搭配手刀*抹脖子的動作嚇嚇他們，表現咱們台灣人的氣魄。

終於到了正式比賽那天，一組四艘船一艘一個河道，只要划到別人那道就失格，其他好像沒什麼特別要注意的規定，反正低頭用力划就是。

預備時四艘船在起點排排站，槍聲一響就奮力向前。起頭好像是最難的，槳萬一亂掉起步就會輸人好大一截，要再翻身就難柳*。划著划著覺得好順，而且旁邊都沒有對手船，我用眼角餘光瞄了一下發現我們是第一但還是不敢輕忽，直到司儀報出率先通過司令台的是溫刀抵隊，船上才響起了一些小小的歡呼聲。

划到後半段舵手眼看大局已定，叫我們放慢手步輕鬆來，我才有閒情抬頭起來看看奪標的實況。忘了鄭重介紹，本隊的奪標手大有來頭（其實也還好），就是本書出版社社長黃俊隆本人。因為奪標手要有瘦高的特性，太胖會影響船速（比如我去奪的話船可能就會頭重尾輕），本身只比竹竿胖一點點的社長就是奉天承運皇帝詔曰天命不可違的奪旗手來著。

船速應該很快（吧），快奪標時旗手要爬上龍頭用腳背卡著龍頭上的鬍鬚，盡量拉長身子以求最快奪到標。計數器在旗臺上拔下來就停止計時，據說沒拔到旗的話船員也可以去拔，萬一不幸都沒拔到會就計算船尾過旗台的時間很吃虧。瘦弱的社長跨上龍頭的摸們*著實讓人捏了把冷汗，倒不是擔心他

的安危，實在是他的極細腿穿寬褲又門戶大開，一趴上去我好怕看太仔細一眼就看到褲子深處的囊部就不好了。達陣時他英勇的拔了旗子往後丟，該不是想射瞎隊員的眼睛吧。事後他告訴我本來想收在懷裡的，後來耳邊響起「旗子丟掉、旗子丟掉」的聲音，所以就順手把旗往後甩了。我逼問他是誰說的，他說就是耳邊有聲響但沒看到人（河道上總不會有人路過吧）研判是屈原托夢給他（所以他在龍頭上還打盹兒了就是）。下船後本來要鳥獸散了，此時教練叫住大家，說要做一個相對於暖身操的收操，我在想要是不收起來會安抓＊，睡前會發現魂魄還在大佳河濱飄盪這樣嗎？運動之人的世界敝人真是不明白啊。

回去後不敢相信這是真的，還沉浸在第一名的喜悅中（長裙旋轉）。這時隊友拿出比賽成績來回味，才花現＊本組獲勝除了鐵人加持外，重點是籤運好，有別隊明明划得比我們快，但還是分組最後一名無緣晉級。所以縮＊划龍舟跟刮刮樂一樣，其實是一個考驗運氣的活動。第一輪晉級隔天就進行第二輪的四選一賽，划第一的端午節當天就能去跟各國划船好手拚生死。這天的戰況更激烈惹＊，想當然爾我們不可能有機會，但第一次參加龍舟比賽就能晉級，重點是有拿到一萬五的獎金，人蔘＊真是沒有遺憾了啊啊啊～（背剪雙手眺望大佳河畔）

這年的第一名是菲律賓隊，初聽隊名我們以為是菲傭組隊參加，因為還有勞工隊／聽障隊／乳癌婦女隊等等，我們就以為那是菲傭同業工會組的，後來才知他們是菲律賓的國家代表隊真是失敬失敬。但菲律賓為何會有龍舟代表隊捏＊，每年只有端午有事做不是很悶？不知道他們平常日子都在幹嘛吼？

龍舟規則──

報名時要先繳報名費約兩千元，比賽分預賽和決賽，只要在四選二的預賽中順利晉級，而且決賽有划完、沒撞到別人或划到別人的跑道上，就能拿到一

萬五的獎金，所以其實是個能賺錢的運動來著，缺錢的朋友不妨勤練習，既能發揚台灣文化又能賺點小錢超划算搭＊。

划龍舟的KNOW-HOW

1　要跟前一個人動作一致。

2　槳吃水要深船才會前進。

3　專注划船不要跟隊友聊天，要聊的話找別船的人聊。

4　對岸上的人叫囂可增加士氣。

技能提升（6）

桶仔雞與野外求生

為什麼每年中秋節一到，就會像被下指令一樣非烤肉不可呢？聽說源頭是烤肉醬廠商想出來的邪惡點子，並不像初一十五要拜拜一樣是老祖宗流傳下來的規矩。換句話說，人類想烤就烤只要有心天天都可以烤，實在不用拘泥於中秋節，所以學一下烤肉的要領對人生是太有幫助的一件事。

不過本人之所以開始沒事就烤肉，完全是因為報名了龍舟賽。為了確保比賽當天不會把別人撞翻，我隊沒事就會預約時段去河濱公園練習，這麼努力屈原若地下有知也會動容的。但是因為大家都很散形*一向有遲到的問題，隊友大叔便大膽提議不如提早兩小時集合，先來烤一個桶仔雞。

先介紹一下何謂桶仔雞吧（雞和吧二字連起來休誇*怪怪）。它長相跟金桶一樣但裡面有分層，底下可以放炭，上面有個架子可以把整隻雞插著放進去烤，還有個烤盤可以接滴下來的雞油，那油拿來拌飯真是人間美味哪～重點是放進去後不用理它，因為它像沙威瑪那樣是整隻插著的可以平均受熱，所以沒有傳統烤肉的翻面問題。不愛吃雞的也沒關係，因為只要把架子拿掉，它就變身為一個燒炭的爐，拿來炒菜煮湯都沒問題。總之桶仔雞跟霹靂車一樣是尖端科技的結晶，遠看像金紙桶（其實它就是金桶改裝的啊），有種慎終追遠緬懷先人的含意，不像時下烤肉架，遠看近看都像在烤肉，擔藍*也有人拿它來燒炭，但自殺不能解決問題生命可以找到出口，燒之前請三思。還有，桶仔雞不會看見炭和火，是地表上最優雅的行動廚房，而且送禮自用

兩相宜，我要輕輕為它唱首歌～

桶仔雞有這麼多好處不烤好像說不過去，於是龍舟隊裡的弱者們就先約一約，還帶了點沙拉和壽司和水果，進行一個以運動為前提的烤肉會。

烤法很簡單（吧），主烤師大叔準備了兩隻雞，前一天先醃好，重點應該是肚子裡要塞蔥蒜，然後架到桶子裡悶烤。一隻全雞差不多一小時就熟了，拿出來後香噴噴，而且雞肉鮮嫩多汁一點都不會乾，那個滋味我到現在都很懷念哪……第二隻烤比較久，主要是我們把它架上之後就去划船了，划船的兩小時期間我度分如年心心念念著岸上的雞，怕牠冷怕牠焦怕牠被狗叼走（都沒這麼關心過我娘呢），一整個心神不寧。下船後衝上岸找雞，皮被烤得焦脆真是此雞只應天上有的人間美味，但這一切除了烤王之王大叔很會醃雞之外，我想那個桶子也是功不可沒啊。

我覺得桶仔雞桶是人生旅途上不可或缺的好伴侶，有了它再也不用擔心停電或沒瓦斯的問題，只要升起炭火就能飽餐一頓，人人都是野外求生專家。不是有人說為了怕地震天災或打仗，床旁要放一個逃生包裡面放手電筒水和乾糧嗎？我想如果包包夠大的話最好把桶仔雞桶也塞進去，如此一來就能走到哪烤到哪，這輩子再也不用擔心食的問題了。還有，要烤肉的話特別推薦豬頸肉，它口感Q彈只要灑點鹽不用醃就很好吃，是烤肉的好伴侶，沒吃過的一定要去烤烤看哪～～

烤雞的KNOW-HOW

1	雞肚要塞蔥薑蒜調味。
2	烤出來的雞油要接著，拌飯超美味！
3	烤雞桶還是不要拿來燒紙錢比較好。
4	林彥良是烤雞之王。

技能提升（7）
垃圾盃對聯大賽

‼☺ 我是一個無聊人，每隔一段時間就會進EMAIL信箱裡的垃圾信件夾，看看最近有沒有特別的色情信。

那天看到了一個挺悲傷的：「父親才剛走，小姨子就急著要做＊，還現場＃。」（＊是愛字＃是幹字，色情信好狂野哪～）想到他父親屍骨未寒，有必要猴急成這樣嗎？另外一個相對的是：「貴婦氣質的正妹為父親還債出賣身體，最後被兩位猛男玩弄。」讓我不禁思考起有人視老北＊重於泰山，有的則輕於鴻毛，正妹還為父親出賣孫體＊呢，希望大家賺錢還是要找比較正確的方法啊。

還有一封超奸巧，主旨是「奇摩拍賣」，目的應該是要讓人以為是拍賣寄出的什麼通知信，然後不小心打開它吧。但寄件者的名字是「翻開溼潤小屑」（為了讓本書走一個闔家觀賞的路線，我改了最後一個字比較適合兒童閱讀），任誰看了都不會被騙的啊！

最近收到一封由李忠勳寄來的色情信（他誰啊？奇怪幹嘛跟老子裝熟），主旨是「飛機上空姊幫客人打飛機」（香港人稱打手槍為打飛機），本來也沒什麼特別，但不知為何它吸引了我的注意，我想是因為它的詞彙讓哇ㄟ＊國文魂像火鳥一樣燃燒起來了吧。

小時候很愛林語堂的《京華煙雲》，裡面有一段就是類似的語文遊戲，有人出個上聯其他人要對出下聯這種。我記得書裡的場景是在湖邊的戲台，上聯出「曲水抱山山抱水」，下聯對「閒人觀伶伶觀人」。我本來想仿造它來一

段，比如華視大樂隊喇叭手為來賓吹喇叭之類的，但這很不美（明明是不雅吧），因為沒辦划*做到形音義左右相對，它就不是一個完美的對聯來著。

飛機上空姊幫客人打飛機，這其中最難能可貴的並不是空姊服務態度很好（但憑良心說她已經做出了很多超出職業本分的事），而是該句頭和句尾用的是一樣的詞，同樣是飛機但第一個是名詞最後一個是動詞，這種句型實在不好造，我最喜歡這種優美的文字遊戲惹*，這才是作家閒暇之餘該做的小娛樂啊。

因為一直造不出心目中完美的下聯，於是就在部落格上公開徵文，很意外的得到讀者們熱烈的回應。想到這個古老的文學藝術能夠被大家重視，老身感到灰常*的欣慰（撫鬍）。現在就貼出一些我個人覺得很棒的佳句讓大家欣賞一下：

機場外客人嫌空姐飛機場——這是網友QNI造的，我本來想給他第一名，但後來想想它還是沒做到名詞對動詞，所以只能算佳作。

娘惹糕師父竟然繡眉實在太娘惹——這是署名嬰兒的網友造的，雖然字數不相等應該要直接被噴乾冰，但我挺愛這句的還是貼給大家欣賞一下。

病床旁醫生抱護士上病床——網友K的傑作，我只有PERFECT一詞可以獻給他，畢竟空姐跟護士連職業都超配的啊（大姆指）。

臥虎藏龍電影中沒有WOLF——吾友閃電的作品，雖然什麼都很不搭但是唸起來挺通順的，而且巧妙的把中西語言融合了，我很喜番*。

為了怕太垃圾被投訴，穿插一個比較有教育意義，由網友HOWI提供的「機車騎士轉彎不打燈很機車」，不過很機車是形容詞非動詞，還是休誇*美中不足。

最後，我要宣佈勇奪首屆垃圾盃對聯大賽得獎的是——（死八賴*來回照）

「觀音前童子幫住持拜觀音」！在此恭喜蒙面加菲貓，這樣上下聯不但形音義有顧好，連韻腳也有對到（吧），實屬佳作得獎算是實至名歸。

最後因為哇奔郎＊是個俗辣＊，文末再強調一下：這個小遊戲是要讓大家重溫中國文學之美，請不要來投訴我。空姐和護士和住持們，如果有得罪之處我跟大家道歉～（跪）

拜觀音的KNOW-HOW

1　在對方彎腰或上樓梯時可以拜得比較深。

2　力道要拿捏好，太輕不到位太重則傷感情（及屁眼）。

3　拜完要記得洗手。

愛唱才會贏

以前鄙人曾經有個心願，就是拍一個唱歌環島的紀錄片，緣起是有一陣子紀錄片很紅，拍出小人物們有大夢想並且不畏艱難實現它的故事。有部是做運動的有部是講騎單車環島的，那時我就想縮*運動要從小開始我沒希望了，不如就環島吧。但要怎麼環島呢？全身上下只有嘴部比較活潑的我，歌唱環島是個不錯的選擇。規則是環島全程都要一直唱，歌聲不能中斷，連晚上都要有人值班唱真是個血淚交織的挑戰你說是不是！

有了這個念頭之後剛好有個機會要開車下高雄，心想不如就當成唱歌環島的暖身吧。成員是我和司機和阿寶，一開始的主題是接歌，就是先抽出一個題目，比如歌裡面有唱到人名的，然後大家就開始接唱安捏*（←這樣說來我們好像活在綜藝節目裡，下次會玩恐怖箱吧）。

有一關是唱有動物的歌，我唱了「拔～長劍，跨神嗯鵰」，阿寶說這是一首雙關意味灰常*濃的歌，而且是同志戀曲，因為一個人可以拔出長劍，另一個人還有神鵰可以跨，大家都有棒棒李組長眉頭一皺說案情不單純。事後我左思右想（是的，明明是件這麼無聊的事我回家還會自己開一個研討會）覺得應該還好，因為一個人拔長劍另一個人去跨神鵰這算合理吧。不過阿寶的說法是一個人身上有長劍一個人胯下有神雕，這不是同志戀歌是什麼。

遊戲走偏了後我們開始尬*雙關語歌曲，阿寶先唱了光良品冠的〈掌心〉，因為「攤開你的掌心，讓我看看你玄之又玄的祕密～」（啊有是多玄）「這樣會握痛」之類的。讓我想到吾友到尾以前硬說蕭瀟的〈握不住的他〉很色，而且

歌名裡的那個他擺明了就是他王公到尾先生,有人的＊＊可以很輕易的拿取,有人的則一手掌握不住,他本人則是一棵雙人合抱的大樹安捏*(驕傲的咧,共匪打過來時帶著大樹應該跑不快吧)。我想到林俊傑有首歌一直唱請不要再搵搵,他糾竟*被搵了哪裡好像也色色的嘿～

這關後來玩不長久,因為雙關語歌曲好像並不多,最後還引申出一個冷笑話:有個教男校的新進高中女老師,在司令台講了一段話引起全校男學生的歡呼:「我是全校逼最緊的老師。」我個人是覺得挺好笑的,但真的很低級小朋友不要看,不小心看到的請把它忘了,繼續自己的人生才是正途。

那天我們共玩了人名／地名／動物／天氣狀態,最後玩到沒得玩了還玩病痛類,比如「愛是一場重感冒,等燒退了就好」、「想著你,忽然一陣心痛」之類的,最後接到「香港腳香港腳癢又癢、胯下癢啊胯下癢來擦益可膚」。我發現人體病痛類的歌太難了,有想到的請來信接一下吧。還有,題目其實也很難想,為了不要在自己的歌唱接力紀錄片裡輸得太難看(是說誰要出資拍攝?),好像應該先想好題目再把答案放到錦囊中,到時才能對唱如流啊。

那天因為唱到了拔長劍又跨神雕,不免想到那對神雕俠侶。阿寶縮*小龍女一定是更年期了才會躁熱老是睡在寒冰床上,我也覺得有可能,停經的人才敢天天穿白色,像我一個月內總有幾天不敢穿淡色下半身。阿寶真是我認識最有智慧的朋友哪～

歌唱接力必勝KNOW-HOW

1 平時沒事可先想好題庫自行練習。

2 對手在想歌時要發出倒數聲製造緊張氣氛。

3 時不時的哼歌擾亂對方思緒。

4 出其不意大聲唱出來,心智耗弱一點的對手,腹中的答案有可能會被嚇跑。

我相信 只要上班就能團購

我相信 沒有什麼名產 是在家能買到的
我相信 人多一定能得到 大量購買的折扣

第 5 章

居家休閒
一個人也能好好過

宅女小紅の
空虛生活智慧王

居家休閒（1）

獨居的隱憂

由於我這人沒什麼安全感，常幻想著老了以後嫁不掉（說穿了也不過就像現在這樣柳*），要住在家裡當老小姐，害父母蒙羞不說還要面對鄰居的指指點點（鄰居你要不要這麼壞啊），三不五時可能會被家母安排跟老兵相親嗯湯啊嗯湯*。就算有幸嫁掉，萬一幾年後年老色衰被丈夫拋棄，沒地方住又要回家當老小姐，繼續開始跟老兵相親的生活。光用想的我就覺得生無可戀，為了長遠著想，那時牙一咬的買下了自己的小窩。

剛開始一個人住什麼都很新鮮，光是可以選擇自己喜歡的傢俱就超開心，沒了老木*在身旁嘮叨更是讓人感覺法令紋都變淺了，覺得自己很像電視劇裡的獨立女孩兒。當時對人生還有不切實際的幻想，每天都很費勁兒的把家裡打掃得乾乾淨淨，想編*萬一有天冷不防的帶（男）人回家，讓對方看到我整潔的居家環境發掘到我的蕙質蘭心，肯定會按下立即購的柳*～

醬*的日子不知持續了多久，有天發現根本沒人要跟我回家，到底是在為誰辛苦為誰忙？領悟到這點之後開啟了我狂野的人生，衣服脫下來就丟在沙發上、為了方便拿取腳踏車上掛滿了奶罩、有時家裡有廚餘又懶得出去丟就順手把它冰在冷凍庫，導致有一次在冷凍庫裡發現菜根和些許葡萄皮，可怕的是三個月內敝人彷彿沒吃過那兩樣東西啊啊啊（抱頭）。

又髒又亂不打緊，只要假日不出門整個人就很沉淪，對我來說放假兩天最遠只到早餐店是家常便飯來著。而且在下有個壞習慣，就是沒有社交生活的話，假日就讓乃口*放個假（看起來我對待內褲就像對待菲傭啊），只著男性

四角褲閒晃。有個禮拜天的晚上，我發現這兩天都沒穿上內褲（羞），並且整天沒說話喉嚨沒運動到聲音啞啞的，於是在家自己點播了蔡琴的歌，想用低沉的嗓音詮釋一下，然後發現痣己°躺在沙發上穿著四角褲唱歌的生活太逼哀°了，唱著唱著竟然有點鼻酸，住在娘家跟老兵相親好像還強過現在啊啊啊（拭淚）。

除了容易陷入邋遢又苦悶的深淵外，一個人住還有一個煩惱，就是穿衣服時沒人可以提供意見。如果只是美醜也罷，前幾天我下班回家後，隨便穿了一件白色內搭T恤和四角褲就出門逛超市，後來友人來電問我要不要一起呼奔°，我就請他來超市跟我接頭。朋友一看到我就顯示為瞠目結舌，因為我的上衣薄到整件是透明的，難怪一進超市我就疑心當天在下是不是賀爾蒙強力噴發歐吉桑們都在看我（摸臉），原來……

可怕的是薄T恤裡面穿的是新買的不辣甲°，邪惡的專櫃小姐為了勸我買零碼商品，給了我一蘇°太小的奶罩還一直騙我剛好，那天回去我穿著新不辣甲°撥奶自娛（很好玩唷），看到鏡子裡有個陰影，想縮°奶上怎麼有塊深色伸手一搓才知道它是乳暈本人。這天本人就穿著這件關不住膩頗°的奶罩配透明上衣，想到痣己°這副模樣出門我就羞紅了臉，要不是溫刀°荒山野嶺的，連擄人做雞集團也懶得來問津，我不免會被抓去做妓女了吧。

在此奉勸普天下的獨居女子，出門前除了檢查門窗瓦斯外，記得把燈開亮照個鏡子，不要像我一樣為了省電費活在昏暗的燈光下，什麼都看不見就亂穿衣服出門了。咦～愛字意蛤°～

一個人住的KNOW-HOW

1　機會只留給準備好的人，記得維持房子的整潔。

2　出門前要照鏡子，並且要開燈！

3　不妨曬些男用內褲在陽台上，免得成為色狼的目標。

4　荒郊野外有擄人做雞集團愛字意°～

居家休閒（2）

買房心得報告

若是問我人生有什麼重要的座右銘，除了千拜萬拜不如整箱國農拿來拜外，我想無慾則剛也可以算上一個。我覺得面對任何事都要保持一個無慾則剛的信念，比如情人間吵架時，要心存分就分誰怕誰拎北＊永不低頭的氣魄，帶著這股狠勁兒很容易佔上風。

其實買房子也是，俗話除了告訴我們男人容易痔瘡其實有痔瘡的女人也不少外，也有說天下仲介一般黑千萬不要相信他們。仲介們最會抬高價錢讓你殺了，想當初我家開價四百八，這樣一個鳥不生蛋的地方十五坪四百八要賣給誰！賣給林投姊好了！於是我厚顏的開了一個三百八，其實當時心裡價格差不多是四百一，但一定要出低讓他抬啊。仲介說我太誇張，然後說屋主價是四百三想勸我四百三成交。這時千萬不要覺得少了五十真是賺到，就喜孜孜的答應了啊，老師教你的無慾則剛快拿出來貼在牆上，旁邊再寫上一行小字：「老子有錢還怕買不到東西嗎？」時時提醒自己勿落入仲介的圈套，萬萬不可退讓。

隔沒幾天當然仲介又打來糾纏，說前兩天有人看了也很喜歡，叫我要快下訂什麼的。雖然我也很喜歡，確實緊張到腋下出了點汗，但無慾則剛教我不要怕他，喜歡就讓他們買走吧，老子有錢還怕買不到東西嗎嗎嗎！（其實也沒多少錢就是，但我有的是氣魄！）隔一個禮拜仲介又打來，說屋主退讓願意降到四百二，這時應該答應嗎？當然不能啊！然後隔幾天又變成四百一，即使隔著電話，為了表現出哇ㄟ＊豪邁瀟灑與不羈，我敲著手腕上無形的手錶

跟仲介先生說：「不好意思我很忙，沒有三字頭拜託不要再來煩我了。」這時若馬蓋先地下米國有知（又聽得懂中文的話）也會說帥啊老皮～總之最後是三九五買到，本來我覺得應該也是差不多，但在一次管委會上得知我是場中第二低價，還有個鄰居之前開四百多想買這間沒買到，我就覺得好得意啊（翹腳）。

除了殺價，年輕人想買房子最怕錢不夠又怕貸款下不來。當初我買這間房時自備款也很少，買三九五貸了三百五，在跟仲介簽斡旋合約時，有特別註明若銀行貸款貸不到九成合約自動失效（這招是友人閃電教我的，好聰明哦）。因為我有個朋友就是衝動先訂了房子，後來才發生貸款貸不到的情事，一個月內瘦了好多（真棒）（幸好他後來有胖回來）。仲介為了想賺這筆佣金，一定會拚了命的幫你想辦法貸到那麼高。當然，貸得多每月就會繳得多，由於我沒有用寬限期，所以一開始就揹負一個月兩萬元的貸款過著豬狗不如的日子。

本人沒什麼出息薪水超少，每月只有八千到一萬可以用，而且那時外快沒現在多，買沒兩個月男友又跟（老）女上司跑了痛失搭伙對象日子過得很清貧，整個人經常散發出窮酸味。

之後的日常花費能省就省不能省就忍，節流之餘我也一心想要開源，剛好《自由週報》找我寫專欄，雖然沒經驗但想到有固定收入就一口答應了。老實說我對寫作既沒心得也沒興趣，完全是為了賺錢硬著頭皮寫，不知道大家是否有感受到我文章中濃濃的銅臭味，這一切攏洗*為著房貸啊（拭淚）。

最後鼓勵一下年輕人，私以為買房子真的沒想像中難，不用去聽信專家說什麼不吃不喝三十年才有錢買房這種鬼話。如果真心想完成這件事，就一心一意為了它努力，沒有什麼辦不到的（吧）。不過買房是個很大的責任，就跟養小孩差不多，買下去後也不見得能脫手，不是想甩就甩得掉的，還是要三四五六思才行，萬萬不可太衝動。但一旦決定了，人生就要以還房貸為中

心思想而活著（當然你家特別有錢就不用啦）。我就這樣活了好幾年了，相信大家一定也可以的啊～

買房子的KNOW-HOW

1　仲介的話不要信。

2　仲介的話不要信。

3　仲介的話不要信。

4　仲介的話真的不能信！

是啊，我喜歡精品

!? 我家牆上嵌了一個貌似冷氣的物體，是前任屋主留下來的裝飾品，不管調什麼功能都只會吹熱風超任性，存在的意義只是把冷氣窗堵住，免得蚊蟲入侵安捏 *。幸好拎北 * 很耐熱，加上本人愛惜北極熊（其實是付房貸後沒法再承受電費），不開冷氣也過了幾個夏天。唯一的缺點是我媽怕熱，所以只肯在冬天來找我玩。直到家母出了車禍在鬼門關前晃了一圈，讓我體會到親情的重要，立馬 * 決定裝台冷氣。

我查了一下叉金和日叉這兩個品牌的口碑似乎比較好，啊嗯勾 * 廣告上叉金是相撲選手日叉是孫芸芸，一比知高下當然選後者啊，想到孫小姐說「是呀～我喜歡精品」就覺得家裡有精品冷氣離嫁入豪門肯定不遠搭 *。決定品牌後給了冷氣行窗框尺寸，本來隔天師傅要再來堪景看看施工環境的，沒想到他們很猴急，想說萬無一失就把冷氣搬來，並且直接把牆上的壞冷氣拆下來。之後覺得有疑點，怎麼冷氣比窗框還要大呢（啊不就是我量錯了嗎）？於是用個厚紙板把洞封住相約擇期再戰，就像一陣風般捲走了。當天我看著那個洞覺得我的孫芸芸夢碎，下午還下了場超級大雨，想到窗是紙糊的我就很不安，豪門婆婆會接納家中積水的女人嗎？

因為窗框太小坪數太大（有點像愛情太短遺忘太長的句型，拎北 * 這麼文青希望豪門再給我一次機會），我決定改裝分離式的。隔天師傅帶著廣告中孫芸芸家裡的冷氣前來，裝好之後牆上發出耀眼的光芒，讓我想起一朵花的故事，大意是亂房之中來了一朵花（哪來的），屋主覺得家裡太髒配不上花，

於是把家整理得很乾淨安捏*。為了能匹配貴婦冷氣，我也把家裡收了一下，免得它覺得受辱在別的冷氣面前抬不起頭來。

不得不稱讚一下這冷氣還真踏馬的*安靜，鄙人是在散赤人*家中長大的，以前只用過聲音超大的老爺冷氣，吹一個晚上醒來會耳鳴一整天。沒想到分離式的一點聲音也妹有*，安靜到我會去檢查它是不是偷偷關機了，真是太素喜*了啊～

自從貴婦冷氣進入溫刀*，我覺得痣己*擺脫貧窮變成上等人了，有時候也會偷偷學孫芸芸的口氣說：「是啊～我喜歡精品。」然後自己很陶醉安捏*。沒想到有天回家發現冷氣自己在牆上發出嘶嘶聲，本來以為是不小心按開了，又或是精品之所以為精品就是因為它很人性化，紅外線偵測到我體溫高就自己開了（甘五攏零*？），好想摳摳它的小下巴稱讚它是個貼心鬼啊。然後我拿起搖控想把它關了，順便跟它談一下我不怕熱，一定要偵測到我家有兩人以上才可以開哦。這一按才知道根本沒開機，那那個機體運轉聲是怎麼回事兒？我感受了一下，風吹出來是溫熱的，想說可能要給它點時間吧，古代冷氣都要送風的。沒想到半小時過去，我家還是悶得像烤爐一樣，看樣子是要叫修了。禮拜一才裝的禮拜六就壞掉，還沒過頭七呢！哇ㄟ*命運真是乖舛請叫我台灣阿信。

叫修隔天來了兩位師傅，十坪的小空間塞了兩位壯漢，一時間我家充滿著檳榔味和汗味。之後一個負責室外機一個負責室內機，兩人把管線拆開檢查而我在旁邊看電視。半小時後室外師傅傳來敲門，咚咚咚的敲得好急，我才一轉開門鎖就覺得他火力全開的推門，要是我有鼻樑都要被他撞斷了。他跟室內師傅談了兩秒鐘施工狀況，就很急的跟我借廁所，原來講話是假動作來著，去茅房才是正事兒。可他忽略了我家很小這件事，他的剉賽*聲隔壁鄰居都聽見了吧，實在沒必要做什麼假動作。於是我坐在沙發上看似休息其實五官很忙碌，一眼在看八點檔一眼在注意牆上的洞，看有沒有蚊蟲趁亂進來，鼻

子閒著家裡濃濃的檳榔味，耳朵在聽師傅不絕於耳的下痢聲，腦中除了想他糾竟*吃了什麼，也想著孫芸芸穿禮服在家轉著圈說「是啊～我喜歡精品」之前，是否也跟我有同樣傷感的心路歷程……

兩位師傅研究了半天最後宣告維修失敗，說不是裝機過程出錯，應該是冷氣本身的問題，會報請總公司來處理。這是人類史上非常少有的狀況，裝幾年看會不會遇到一次如此這般的少有（←莫名有種優越感，覺得痣己*好特別，和哈利波特一樣是被選中的那個人來著），這麼小的機率也被我遇上，這種狗屎運怎麼沒用在買彩券上？對了，忘了提到在裝機那天，插頭一插上就爆炸惹*，我家的牆被炸出一塊黑，而且插頭燒壞所以電線是直接接在插座裡面，讓我連不用冷氣時想拔插頭省電都不行……

日叉冷氣真的有縮短我和孫芸芸之間的鴻溝嗎？我想是沒有的啊～

縮短和孫芸芸之間那條溝的KNOW-HOW

1　有美麗的皮膚和好身材。（←這關一堆人被刷下來）

2　嫁給有錢人。

3　練習一邊做家事一邊轉圈圈。

4　買點她設計的項鍊戴戴看會不會孫芸芸附身。

居家休閒（4）

宅女大主廚

⁉️ 我是個對烹調沒什麼興趣也缺乏天分的女人，嚴重到二姊溫蒂曾對我說過「妳連檸檬汁都做得很難喝」這種重話。相較之下她就很神，不但會烤餅乾，還曾經在家自學做出一個黑森林蛋糕，在路邊吃到什麼好吃的也會學那個味道做出八分像的食物。記得小時候不知過什麼節，我們一人做一道菜給爺爺奶奶吃，當時我做的菜叫黃瓜馬，做法是把小黃瓜切成一段段，然後串到牙籤上組合成一匹馬這樣（←同理，我也會做黃瓜牛黃瓜駱駝以及黃瓜阿諾史瓦辛格，本座真是餐桌上的藝術家來著）。

在獨居之前我是不太做菜的，頂多是用泡麵的湯底做出一個大鍋菜。有次我弟段考前我做了一鍋要餵他，老木＊還出來阻止怕他吃了隔天烙賽＊影響考試。揹負房貸之後，為了省錢我展開了廚娘生涯，內容以湯湯水水為主，反正只是為了填一下胃。主KEY一定是辣椒和烹大師，烹大師對宅人真是太有貢獻了啊啊啊！對於食物組合我則採取放任的態度，如果A能吃B也能吃，放在一起吃了也不至於會死（吧）（但螃蟹和柿子可能會，請大家不要嘗試）。

剛溶脂後由於下肢一直腫到不像話，膝蓋親像＊草仔粿，想起溫蒂教我可以煮薏仁加蜂蜜減肥消腫，就去超市找了一下薏仁想學她做一鍋每天吃。薏仁跟斯斯一樣有兩種，全聯社只賣小薏仁，雖然我疑心姊接＊做的是大薏仁，啊嗯勾＊有些東西很玄，就是煮完後會變很大很大。說到這我又想起小時候溫蒂做皮蛋瘦肉粥，本來用個小鍋，煮著煮著換了一個中鍋，後來換成大鍋

（因為粥一直在長大），最後改用海產攤炒菜那種無敵大炒鍋，要不是我們機伶馬上把它吃惹*，那鍋粥最後會越長越大到溢出鍋子流出房門然後佔領地球吧。

回到薏仁上（跳一下*）。

當下我覺得小薏仁煮了之後一定會變成大薏仁，拎北*見多識廣少拿這種雕蟲小技來騙老娘，於是就把它買回家了。我的作戰計劃是蒸出一鍋像粥一樣的東西，冰起來每天挖一碗加熱當晚餐，既消腫又減肥真是太方便了呀。蒸完後我發現它沒有如我想像變成四神湯裡的那種大薏仁反而變成麥片，難道薏仁也有山寨版？我想縮*將錯就錯吧，一個揹負三百多萬債務的人可不能浪費食物，然後又想到既然它是麥片，那煮成鹹的應該也美賣*哦，電視上不是一天到晚有鹹麥片的廣告嗎？可見麥片煮成鹹品是天經地義合情合理又合法的。更棒的是廣告裡都還會影射鹹麥片是減肥聖品、維持好身材的祕密武器，會不會因為買錯而得福，不小心變成苗條的人，想到這我不禁全身熱了起來啊。就算它真的是薏仁，長得跟麥片拿模*像可見它們本質一樣（像巴戈和鬥牛犬本質是差不多的，只是後者是個ROCKER，愛戴刺刺的皮環在身上），做成鹹品應該也不賴。於是我挖出一碗加水煮開，把辣椒和泡菜都倒進去，做成一碗健康美白又利排水的薏仁粥。

結果呢？結果就是非常難吃啊！我是個對吃沒什麼品味的人，都覺得灰常*難入口了，味道和口感怎麼說都不對，薏仁不會入味本身又沒味道，感覺像是把粉圓加在泡菜鍋裡吃，混搭又混得很沒道理。

想到第一本書有篇文章，大意是在指控前男友的娘做菜都亂組合讓人吃了很頭痛（芋圓炒高麗菜很殺吧！梅子粉佐青椒很殺吧！！），如今才發現自己跟伯母沒兩樣啊，可怕的是我們都是魔羯座，我超有潛力步上她後塵的！俗話說「當你用一隻手指指著別人的時候，其實有三隻指向自己」就是這個意思吧。

儘管那鍋這麼讓人髮指，哇奔郎＊還是連續吃了兩天，而且估計還要再吃三至四天才會吃完，然後水腫一點也沒消，膝蓋頭一樣呈現著脹奶的狀態，可能是因為泡菜助水腫的緣故。幹！

烹調的KNOW-HOW

1　A好吃B也好吃但擺在一起不一定能吃。

2　薏仁≠麥片≠小薏仁。

3　每天在心裡默念「阿基師我崇拜您～」，有天會誠感動天被廚神附身。

居家休閒（5）
颱風地震居家準備守則

 我發現近年來只要一放颱風假，電影院和KTV幾乎都是滿的，年輕人似乎都不畏風雨，看在我這個老人家眼裡十分擔心哪。

不過，話說我好像也有兩次颱風天硬要出門的經驗。一次是因為男友在我家，彼當時＊哇奔郎＊是江湖人稱的男友奴，我賤命一條餓不足惜，但怎麼能讓男友巴豆夭＊呢，於是就冒著風雨穿雨衣出門了。前往7-11的路上，我才發現颱風天出門不是怕東西掉到頭上那麼簡單，根本就覺得天上隨時會有東西飛過來打爆我的頭，真是太可怕了。短短五分鐘的路差不多走了快半小時，而我的孝心也沒有感動天，因為該男沒多久後就去睡了他的（老）女上司。想想好久沒說他倆閒話了，今天找到機會說一下，身心靈都感到灰常＊的愉悅啊（撫鬚）。

另一次是出書時接了一個LIVE的廣播通告，那天才知道就算颱風放假，廣播也是照樣進行，真是太讓人尊敬了。以前的我颱風天一定會在家煮一鍋類麻辣鍋的食物，自己吃完它然後一整天關在家裡刣賽＊，反正又不能出門不如在家進行體內排毒的療程，等颱風走後得到一個全新的自己（旋轉）。可那天是我此生第一個LIVE通告，很怕出了什麼岔子屎滬錄音間，所以很小心的整天沒吃東西。訪問時好緊張啊，而且肚子非常餓，聽說錄音間的MIC收音效果很好，所以我一直抱著胃怕它不爭氣的咕出聲來。好不容易快訪完，節目結束前主持人問我：「這是妳第一次上廣播嘛，事前有做什麼準備嗎？」我竟然回答「因為怕上現場節目會想上廁所，我今天都沒吃東西」

這麼見笑*的答案，雖然事實就是如此，但說完好想立馬*奔入風雨中讓招牌打到我頭上啊。

事後我沮喪的坐車回家，回家前不忘先去超市買菜煮一鍋大辣吃死自己，菜架上擔藍*連一根香菜也妹有*只好黯然的走回家。只不過五分鐘的路程又走了好久，傘被吹到開花，全身上下連乃口*都溼了。颱風天出門果然很不祥，大家還是做好防颱準備乖乖待在家咔厚*。

另外，光是買好食物乖乖待家裡還不夠，一定要做些其他準備才行。

以前的我是個對颱風比較無感的人，家母剛好也是，所以我們都視防颱準備如浮雲，也就是從來沒在做的。記得之前納莉颱風淹大水，我家附近全部停電停水，我和老木*既沒存水，家中也翻不出一顆電池，附近商店貨架還全被掃光，在斷水斷電的情況下，擔心亂動浪費體力會餓、吃了東西屎尿會多又沒法沖馬桶很矮油*，於是我倆一人躺在一個沙發看天花板看一下午。直到水退了點，當時的男朋友開車深入災區，帶來兩大桶礦泉水和電池，我和我媽才又活了起來。

同樣也是天災，九二一地震那天本人從頭到尾都躺在床上沒起來過，後來因為我媽太害怕了在家裡一直蛇來蛇去*，為了安撫她我才離開床。隔天起來她已經慌到出去串門子了，而我因為停電的關係跟外界斷了聯繫，當然完全不知道不用上班這件事，在一樣的時間出門等公車，等了很久都不見車的蹤影，一氣之下坐計程車去公司。在公司下面的早餐店買早餐時，老闆問我今天不是放假嗎，我才又提了早餐回家。回家時電梯擔藍*是沒有在運作的，只好一口氣爬上七樓幹字連篇，這一切的一切都是因為沒做好準備，導致跟外界失聯的下場啊！

好了，說了這麼多廢話只是想表達一下，家裡平時最好要準備一個救難包，裡面有簡易的護理工具及水和手電筒及乾糧，萬一遇到什麼天災時才不會措手不及什麼都找不到。另外，我記得看過報導，地震來時最好趕快逃離屋

內，像我這種老神在在連床都不願離開是不行的，因為很多時候災害的發生都是因為大家心裡覺得「哪可能會有事」守在家中不願撤離而造成的。我們身在有颱風又有地震的台灣，平常更應該多多充實關於災害方面的常識才行哪～（好有教育意義啊）

防災的KNOW-HOW

1　居家常備救難包。

2　泡麵乾糧不可少。

3　保持鎮靜勿驚慌。

4　聯絡管道要做好。

居家休閒（6）

節能減碳愛地球

!? 每當發生一些重大災難事件，事後大家總會檢討到底哪裡出了問
題，例如土地分配不均過度開發或水土保持沒做好，大抵是人類做
了太多傷害地球的事導致大自然反撲。因為敝人不是學者專家又沒念過什麼
書（羞），一介鄉下婦人實在沒辦划＊說出什麼大道理，但我知道有些事是大
家可以從自身做起進而改善環境的，不如今天就跟大家簡報一下我的節能生
活吧。

很早以前約莫在清光緒年間，那個巷口有開設寶芝林的年代，初一十五還有
採菁活動（扯遠惹＊），左鄰右舍聚集在廟口划旱船（還來！）的時代，敝人就
有自備筷子的習慣。不過那時市面上這麼做的人很少，有時想拿出來還怕朋
友說我假掰＊，心理壓力非常之大，幸好現在自備環保筷已經變成一件流行
的事，如果你還沒有的話，趕快去買一副吧～

還有我也不太愛用塑膠袋，就連買便當都常直接捧回家，所以還挺常燙到
手。我覺得那種東西少用為妙，現在環保袋又輕巧又漂亮，包包裡要常駐一
個以備不時之需。

另外，我以前從來不曾擁有冷氣，雖然最深層的原因跟全球暖化沒啥關係，
實在是電費太貴，我一介窮酸人家憑什麼學人家裝冷氣憑什麼憑什麼呀（戳
自己太陽穴）。有時會有心魔想裝，但覺得家家戶戶開冷氣排熱氣，路上空
氣都悶悶的更不酥湖＊，於是按捺想買冷氣的心情繼續熱著，導致每天早上
起來都大飆汗，但同時也發現醬＊對於消除臉部水腫有奇效，各位臉大不是

病大起來要人命的讀者們不妨試試，順利的話好久不見的尖下巴應該就能回到你身邊了。

現在的我雖然有冷氣了，但很嚴格規定自己家裡有客人時才能開，一個人的時候就熱著吧。熱到冒火睡不著怎麼辦呢？麻將涼蓆是我的好朋友，我承認它長得很土氣，一鋪上床整個房間立馬*有了《夜市人生》的風情。啊嗯勾*它真的很冰涼消暑，雖然偶爾會被它夾掉體毛（所以千萬記得穿內褲），但毛是身外之物不用看得太重是吧。

除了省電外，在省水方面在下更是不遺餘力。除了早上只挖一下眼屎絕不洗臉（為了省水）、洗澡只洗五分鐘就結束（為了省水）外，敝人堅持一個禮拜只洗兩次頭，天冷或鬧水荒或懶病發作必要時減至一次（還是為了省水）。當然還有在馬桶水箱裡放裝水保特瓶，這招可以減少馬桶出水量但該沖的一樣會被沖走，完全不影響衛生何樂而不為。最後，垃圾分類也很重要，做得好的話不但能讓垃圾減量，還能確保有些資源能回收再利用。

以上這些事雖然不見得馬上能看到效果，甚至我也不確定是不是真的對地球或環保有幫助，但都是施行起來很簡單的小動作，就算沒能愛到地球至少也能省點錢，有做有保庇一定會有好事花生*。又，本人不常洗頭真的是因為要節約能源省水的關係，在下並非不愛乾淨的女孩兒，請電視機前的如意郎君千萬不要排斥我課以*嗎～

節能減碳的KNOW-HOW

1	隨手關燈，不常用的電器請把插頭拔掉。
2	隨身攜帶環保筷及環保袋。
3	夏天流汗會瘦臉，關掉冷氣吧。
4	種植綠色植物既涼爽還能把尿當肥少沖幾次馬桶很省水。

迎接農曆七月的注意事項

 每年只要到了令人聞之喪膽的農曆七月半（也就是俗稱的鬼月），無膽如我，總是過得戰戰兢兢。

除了電視廣告會一直有拜拜的情節，吸引大家去買整箱整箱的乾糧來祭祀好兄弟外，各大賣場也會推出普渡前夕二十四小時不打烊服務。我第一次看到還心想大半夜的是要開放給好兄弟逛嗎？不然正常的人類並不會因為鬼月到了就晚上不睡覺逛賣場啊！而且很想知道半夜會不會有靈異的事情，比如早上交班時一開收銀機，裡面都是冥國銀行的鈔票之類的（抖）。

說到這，我一定要說一下冥國銀行跟中央銀行有同步這件事，因為我最近買到的紙錢跟真鈔一樣都有那四個小孩，印象中他們是真實世界裡的小孩啊！（應該已經登大人＊了）害我常常邊燒邊對那四個小孩感到很抱歉。（好像離題惹＊）

其實鬼月最讓敝人困擾的是電影台不停在播鬼片這件事，因為在下的膽跟一隻蠶寶包＊差不多大，只要看到可怕的鏡頭或聽見怪異的尖叫聲就會心神不寧很久，若是哪天失心瘋把一部鬼片從頭到尾看完，約莫會有半年的時間心裡都有陰影，晚上都睡不好這樣。偏偏鬼月時電影台發了瘋似的在播鬼片，連預告裡也藏著一堆鬼，所以害我完全不敢在第六十台到七十台間遊盪，深怕督丟貴＊啊～

說到這，其實多年前我就聽過公司有鬼的傳言。據說是半夜加班的同事下班時沒按電梯電梯就惦己＊來了，以為這麼巧剛好有人，但門打開裡面是空的

（登楞＊～），甚至有同事加班時聽過莫名奇妙的高跟鞋走路聲，總之公司鬼故事接踵而來，可以播一季的《鬼話連篇》了。某個假日本人不得已要進公司加班，整層樓只有我一個人，當我忘情於工作時，突然之間，可怕的事花生＊了！！有個一直無人的座位，我在公司數年都不知道它分機幾號的電話竟然響個不停，我忍不住去接了之後就斷掉，這個摸們＊我想到公司鬼話心中覺得十分不祥，只好去廁所小便舒壓一下。沒想到事情還沒結束！到了廁所，發現馬桶的水是綠色的（登楞＊AGAIN），這件事不是鬼幹的難道是外星人來公司小便嗎？！（其實外星人的血才是綠色的吧，難道外星人死在公司？）我一邊頭皮發麻一邊收拾東西速速離開公司，免得鬼們發現公司只有我一人會對我不利啊……（抖）

寫到這裡，本人心中泛著淡淡的不安，突然想到有一年沒跟上普渡大會這件事。

小時候對中元普渡沒什麼特別感覺，只覺得那陣子家裡會有很多乾貨、吃不完的泡麵和喝不完的可樂，是能光明正大吃垃圾食物的季節。開始獨居後我就是一家之主了，要負起普渡的責任。搬來的頭一年，有天我要出門時發現鄰居們都在中庭拜拜，才意識到是中元普渡，而我沒跟上！（登楞＊）這世上我最不願得罪的就是好兄弟，怎麼能忘了這個日子。警衛說大樓貼公告貼了很久，可本人從不看公佈欄所以錯過了。

隔年我感覺鬼月快來時就開始特別注意大樓公告，並在那天之前準備好我的普渡用品，彌補這一年來對好兄弟的虧欠。而且民間有一個說法，說我的上本書沒有翻成八國語言狂銷海內外拍成電影得到諾貝爾獎（OVER了），除了因為內容極為空虛外，主要原因是我忘了拜地基主，可見拜拜是件重要的事，要把皮繃緊注意它啊！可惜哇奔郎＊老了皮很鬆，當天整個忘了這件事，事後自己在家拜了一下但沒有跟到團拜感覺好寂寞。而且我在大樓後面的空地燒紙錢時被警衛阻止，說本大樓嚴禁燒紙錢。不是我在說，大樓團拜

時是用個東西圍起來，底下鋪沙子直接在地上燒，我還有用金桶捏*。但本大樓管委管很多，誠心想害我得罪好兄弟超*下做的啊。

第二年我變得很機警，認真注意所有公告，人在家中還在關心門外動靜深怕又錯過普渡。一切程序完成時我安心的出門，交代警衛哪些是我的貢品請幫我收起來回家後再來領這樣。結果到家時除了貢品外，竟然還有一大包紙錢！（登楞*～）公告上明明說今年為了環保不要造成空氣污染，所有紙錢會統一載到某處燒啊，為什麼所有的不包括我的呢？警衛只有聳肩沒有給我答案，我只好黯然的把紙錢拿回家放在角落。由於我家很小沒什麼私密的角落，走到哪都看到那包錢實在很刺眼，只好盡量離它很遠，因為我感覺好兄弟應該在附近等，就像切蛋糕時大家會圍著蛋糕等壽星發一樣。

那天我無膽的連覺都睡不好，在床上滾來滾去想著那包東西，想縮*好兄弟們會不會自己來拿，把這種東西放家裡甘厚*？（來回踱步）隔天我很明快的決定把紙錢帶到娘家燒，反正老木*最愛拜拜了，不如把它拎到淡水假孝親真燒錢。沒想到家母美雲說為了環保她現在也不燒了，連金桶都沒了。我說那我抱到慈佑宮去燒呢？阿木*說萬萬不可啊，燒神的跟燒好兄弟的不能一起，不然會招來厄運嗯湯啊嗯湯*。那去路邊找剛好在燒的路人搭個伙怎樣？阿木*說北盈哩*，用誰的桶子燒業績就會算在誰頭上，就像《痞子英雄》裡的長官永遠在吵跨區辦案的問題一樣，好兄弟也是有分區的，跨區燒錢很危險，至於有多危險她則眼神閃爍不願多談，多半是因為她也不難道*吧……

老木*順便跟我講了一下燒紙錢的重點。有時燒著燒著不是有些錢會飛走嗎，我是個很怕亂丟垃圾的好孩子，而且每每在地上看到來歷不明的紙錢都很害怕（我是俗辣*啊），想說此處一定出過歹擠*才會有紙錢散落只好繞道而行。為了不讓路人和我一樣擔心受怕，錢如果飛走天涯海角我都會一個單手前滾翻撲過去，突然被楊紫瓊附身般的把它追回來。老木*說妳這樣好兄

弟會以為妳在跟他搶，這個世界上有人曾經因為去撿，冥冥之中看到很多隻手在一起搶那張錢，然後就生了一場大病差點嗝屁安捏*。我問是誰她說不上來，問聽誰說的她想了半天說彷彿是小潘潘，看來《鬼話連篇》節目影響我娘親至深。另外，如果好兄弟會搶那些錢，那我背了一大袋從內湖到淡水，不是等於去銀行提領巨款帶著走嗎？(抖)

最後老木*不忍我這麼憂心，叫我在紙錢附的旗子上寫名字，家裡拜拜時想辦法幫我燒。但隔天我查了奇摩知識，才知道有一派說法是不能告訴好兄弟全名，以免引來糾纏。糟糕！我不但講了還寫在旗上，拜拜時連地址和我爸媽的名字一起講了，在此寫出這篇文章希望大家不要跟我犯同樣的錯誤，這一切就讓我來替大家承受吧……

中元普渡的KNOW-HOW

1　萬萬不可告訴好兄弟自己的全名。

2　不能拜番茄芭樂等小有籽的水果。

3　要在下午兩點和晚上七點間拜完。

4　不能用香蕉、李子、梨子三種水果湊在一起拜好兄弟，免得他們覺得你在說「糾哩來～」(別來啊～抖)

居家休閒（8）

看演唱會要注意

回首我的人生其實看過不少演唱會，國內組的有李玟／莫文蔚／蔡
依林／王菲／楊乃文／孫燕姿／周杰倫／郭富城／張學友，阿豆仔 *
組的有帕妮和艾薇兒及瑞奇馬丁。這麼多場看下來，幾乎沒花過錢買票，感
覺真是個特權人士來著～（撥瀏海）

我一直覺得台灣人好像不是很習慣花錢看演唱會，除了一些長青樹比如江蕙
或費玉清，因為很多上班族會買去孝敬父母，那些票不但秒殺還會搞到售票
網都當機，其他多數的演唱會票都賣不完。有時為了顧慮歌手的心情，總不
想放眼望去看台上都空空的吧，於是在開演前幾天會大量釋出公關票，鄙人
就是老拿到那種。

是不是花錢買票的很容易分辨，比如在搖滾區，花錢的粉絲們都會盡量往前
擠，因為他們心中FULL OF對偶像的愛，恨不得伸手就能摸到歌手的大腿
或抬頭就看到他們的內褲。而我們這些免費進場的通常不愛跟人擠，會在搖
滾區的後半段飄飄盪盪，順便為了提早離席做準備。如果是看台，贈票就會
集中在某幾區，這時就會看到大部分的歌迷都很瘋狂，有的舉牌子有的搖螢
光棒，心情還會隨著台上的主角大起大落，例如歌手哭粉絲就會跟著落淚這
樣。某幾個區塊則是特別沒動靜，一整區裡看不到幾支螢光棒，而且這裡的
同胞們注意力都很渙散東看看西看看，常常一回頭後面的人就不見了。免費
進場的人還特別坐不住，奇怪我們是長痔瘡了嗎？

說到螢光棒，我一直很喜番 * 它但捨不得買，看到有人在安可曲後會亢奮的

把它丟向舞台（這舉動真是意味不明，應該不是為了投擲歌手吧），還會覺得富不過三代有錢需要這樣花嗎？有天我聽江湖傳言螢光棒冰起來就不會褪螢，於是有一次偷偷撿了一支回家（←不知道電視機前的富家子看到這裡有沒有落淚，對著書大喊「喜歡嗎叔叔買給妳」），然後珍惜的把它冰在冷凍庫裡，三不五時拿出來把玩一下（其實不亮了，但我又擔心褪冰後會亮起來所以留著）。有時家母美雲整理冰箱時會問那是瞎密*，我還會起身撥開前面的障礙物，手刀*從房裡衝出來大喊：「那是我的不要丟～～」但我這樣付出真心的對待它，它最後還是不曾亮起來讓我開心一下。結論是螢光棒冰著也會死掉，我已經以身試法過大家不用再試柳*。

看了這麼多場，鄙人最悔恨的一次是郭富城演唱會。那次他的世界巡迴主打一個水舞，會穿上白色半透明衣物在淺淺的水池中舞動，重點是裡面只穿一條皮製丁字褲，以一個全身被看透透只裹住老二的姿態表演，看照片就像兒童樂園裡的麵粉包熱狗一樣，讓人想起兒時記憶然後歸身軀*熱了起來（情緒很混搭）。

進場後我心心念念這個橋段，等了半天卻沒出現，差不多到（我以為的）安可曲了粉狗都還沒個影兒，在下又忍尿忍到一有人碰就會閃出來的地步，於是自我安慰最近在缺水，這個表演可能取消了吧，於是就去棒溜*順便離場安捏*，免得等到唱完跟大家一起退場會塞車。

擔藍*老天爺依舊很愛創治*我，隔天一打開報紙，就看到大標「郭富城溼身水舞全場嗨翻天」，配上那個大熱狗照。那個摸們*，我真的好恨自己沒耐性啊～～～～（折斷熱狗）

事後我估狗所有演唱會的照片，從各個角度用心品味那個溼身大熱狗造型，發現他其實是穿了一條肉色的短褲，只是那個部位特別做了一個袋子把老二放進去，也許是怕跳舞跳得太激烈上下晃動把下腹打黑青了吧，然後那個袋子做很大所以看起來激凸激上了天。

發現大熱狗的祕密之後，深深覺得這個社會好險惡，行走江湖真的要小心才是上策啊。

看演唱會的KNOW-HOW

1 不用太早去排隊，快開演再進去就好反正不會準時。

2 安可曲不能聽完，不然出場時會在門口塞很久。

3 橫豎都看不太到舞台，不如坐邊邊還離大電視比較近。

4 別帶相機免得在門口被保護管束，出場還要去領很麻煩。

居家休閒（9）

有錢最美希望相隨

!? 因為活到中年的關係，最近身邊越來越多朋友在計劃買房子的事。

一般人一旦開始看屋，最常發出的感嘆應該是「真踏馬的＊貴」吧，覺得新聞沒在嚇唬咱們，好像真的要不吃不喝十年才有辦法購屋，然後就會從興致勃勃變成自暴自棄，想縮＊為什麼我不是有錢人，當有錢人真好哪～那天看到一篇報導，標題是「In Hard Times, Dreams of Easy Money」，提供快速致富或者輕鬆就有一筆收入的二十種方法，讓人看了眼睛亮晶晶馬上被吸進去。

這二十種方法包括：在自家倉庫中尋寶／中彩券頭獎／拍攝珍貴的影片或畫作／繼承遺產／嫁給富豪／賭馬／離婚獲得贍養費／一桿進洞／生來就很富有／N年前投資買進持有至今然後賣出／被傷害而獲得的賠償／銀行莫名奇妙在帳戶中多加了好幾個零／挖出地下的金礦／開發出像FACEBOOK的新軟體大賣／想出一種食物或飲料的名稱賺取登記費／接住一顆關鍵又有紀念價值的棒球然後賣了它／沉默是金的封口費／多年蒐集而成一系列的經典玩具網拍獲利／住在油田旁邊／投資房地產。

看完標題就覺得這根本是翻譯外稿，有些事情在台灣不太容易發生的啊，比方說在自家倉庫中尋寶或住在油田旁邊以及沉默是金的封口費這幾項。在台灣如果別人要你封口，通常是把你塞到桶子裡，灌水泥丟到太平洋之類的，應該不會幸運到得到一筆封口費。還有，為什麼住在油田旁能致富，又不是有天家裡客廳一直冒出油來擋都擋不住，明明只是住在旁邊啊。另外私以

為這個很不合時宜——多年前投資買進持有至今然後賣出，這種故事早就跟恐龍一起絕跡了，最近比較常聽說多年前買的股票現在變成垃圾，因為拿不出來連壁紙都當不成。好吧這不是聽說，是哇奔郎*活生生血淋淋的例子啊（捏碎玻璃杯）。

實不相瞞，由於本人被房貸纏身，每每看到別人花錢花得很痛快時就不免做一下發財夢。像我個人比較務實，又或是中獎運真的很差，總之從沒做過彩券頭獎這種夢，而是比較偏向嫁入豪門這種（啊嗯抖*很務實～）。我發現發財夢雖然是遙不可及的幻想，但內容會隨著年齡增長而做一些改變。像年輕時鄙人就曾經幻想過能嫁給富豪，想縮*有沒有可能在信義之星附近閒晃（那時還沒有帝寶，如果有的話我會改走在帝寶的），然後幸運的邂逅有錢人，剛好有錢人喜歡我這型，他驀然回首發現拎北*正在燈火闌珊處，於是就展開一段以結婚為前提的交往。啊～這是夢嗎？快捏我的臉，真的好幸福啊～（長裙旋轉）

年紀再大一點，覺得這樣下去不是辦法，我已經過了可以在路邊被有錢人娶回家的階段（或是從未擁有過）。比方說我家附近有台保時捷我注意了很久，會注意到是因為車主把這麼貴的一台車隨意停在路邊真是太瀟灑。皇天不負苦心人，有天我真的等到他出門，結果他車庫門一開，裡面停了一台法拉利，難怪保時捷被丟在路邊。要是以前的我一定會幻想剛剛那種邂逅戲碼，但年紀漸長的我懂得撒泡尿照照鏡子，這是某摳零ㄟ歹擠*啦（不肯照家裡鏡子硬要撒尿來照，其實這才是豪門路上的絆腳石吧）。於是改幻想他撞斷我的腿（小朋友不要學），來一段以理賠為前提的交往。可是又擔心高級跑車瞬間爆發力很強，萬一一個控制不住有錢也沒命花了，只好趕緊打消這個念頭。是說我連在做發財夢時思慮都瞻前顧後難成大器啊。

之前聽說朋友的朋友做過雷射溶脂，因為找了不合格的醫生，導致儀器硬生生的斷在肚子裡，最後轉到大醫院解決，肚子上還留了一條長長的疤，打官

司打了一陣子身心俱疲，最後拿到幾十萬和解金的故事。聽到這件事後，我也情不自禁的做了個小小的發財夢，要是我也遇到就有幾十萬了耶！雖然肚子上會有疤，但生孩子後就會有了那是身外之物，重點是可以拿到白花花的銀子，還清房貸之路就向前邁進一大步了。

看得出來我的發財夢隨著年齡增長越來越不爭氣吧，從嫁入豪門變成醫療過失理賠，連做夢都沒有大志向真是天生沒格局的人哪～還有，雖然那二十個致富方法不能說完全是唬爛＊，世上一定真的有很多人因此變成有錢人，但機率應該不太高，大家還是放棄一夜致富的念頭，腳踏實地做人你們說厚嗯厚＊啊～

第6章

戀愛講座

單戀苦戀失戀必看

宅女小紅の
空虛生活智慧王

戀愛講座（1）

有驚無喜的小禮物

 今天要談的是一件很心痛，而且人生路上難免會遇到的事（←感覺像痔瘡來著）。

朋友最近生日，男友送她一個很奇怪的首飾，是法蘭瓷那種繁複又偉大的工藝品。美是美（其實才不美，我是怕被法蘭瓷發現我說它壞話），但不是女孩兒們平常會戴上街的首飾，比較像還珠格格的日常生活用品或是元首夫人出國參訪時會用的東西（在國內不會用哦，出國時為了要讓自己FULL OF 東方味兒才會用）。但她為了讓男友開心，跟他出門時會戴上，還加碼演出人家好喜歡哦投入懷裡磨蹭的戲碼，一離開他的視線範圍立馬˙拔下來。該名男友很過分，送她醜禮物不打緊，還問她說那妳朋友有沒有說好看？妳同事有沒有說好看？這樣軟土深掘把人逼入絕境，真是殺人又放火啊！

我小時候也收過男友送的各色醜禮物，但只敢私下靠夭˙不敢明說，有時還會自怨自艾的想縮˙老娘是做錯了什麼，讓你以為我會喜歡這種東西，然後感到萬分沮喪，甚至開始懷疑人生～（老師請下歌謝謝）

我曾經收過一頂怪帽子，像貝蕾帽但又有帽沿那種。數年前《女人我最大》和各種少女雜誌沒那麼流行，路上戴造型帽的人不多，戴這種板型醜圖案也醜的人就更少了。當時我很嫩，不敢對他說這東西真踏馬的˙醜到無路可退醜醜醜斃了，只有在兩人出去時為了討他歡心會戴上。另一方面我擔心是自己品味不佳對它有誤會，還拿給幾個朋友看，結果也是一面倒得到劣劣劣劣劣的評語，像便利商店的集點卡一樣集到很多劣，但什麼也換不到只得到一

個破碎的心。

不過，畢竟帽子有季節之分而且也貴不到哪裡去，大部分的時間可以把它關到地牢裡不要讓它見到天日。比較惱人的是醜不打緊還貴鬆鬆*的首飾，私以為女生拿到十個有七個半會想縮*踏馬的*這個價錢可以買踢粉你*了，買這個來是怎麼回事難道專櫃小姐在舉辦買項鍊送口欠*嗎，表面笑笑的做出感動的表情，心裡想狂戳他太陽穴戳到腦漿噴出才罷休。我收過一盒沒聽過品牌的醜項鍊，醜就算了還是一組的，項鍊和耳環醜成一氣而且很貴。當然我又擔心是自己品味不好誤會它了，所以拿給江姊鑑定一下。江姊說這還好啦，就是鍊子粗了點座子俗了點，其他還算可以（多半也是聽到價錢想安慰我吧）。可項鍊只有鍊子和座子和珠珠，其中兩項已經被噴乾冰了它還剩下些什麼咧？只剩下兩滴冰凍的淚水啊（老師請下歌）。後來試圖把它送給我媽，六十歲的家母竟然還嫌老氣咧。

我收過一個最納悶的玩意兒，有天前男友帶著一抹神祕的微笑說有好東西要送我，攤開手心是一對腳踏車火箭筒（讓人站在後輪那玩意兒，他不解釋我還不知那是什麼），然後逼迫快三十高齡的哇奔郎*站在腳踏車後面在信義區穿梭，轉彎時還會示意我要用手打方向燈（所以是個在乎交通安全的怪人來著）。那是個冬天天氣很冷，站在後輪上更有種高處不勝寒的悲愴感。後來我不堪受辱提議我來騎讓他站後面，彼當時*我其實不太會騎腳踏車更不會載人，連變速都不會使用，騎到腿一直抖鐵腿鐵了很久，身體和心理雙雙受創，想到這裡頭不抬起來眼淚就要落下了啊啊啊。

回到我朋友上（跳一下*）。

我強烈的建議她應該去跟男友談一談，因為這不是她第一次收到又貴又怪的東西（人生路也太坎坷，跟小甜甜差不多惹*）。不然也要在重要節日前先和男友出門逛逛，釋放一些自己的心意，讓他知道自己喜歡什麼，再不然就市儈點跟他說包紅包吧。不然像我們這種天性節儉的人，看別人花錢買用不到

!? 單身聯誼
幫您找到愛情
別再當孤男寡女

拜拜一定要夠

什麼都要省 金紙不能省

拜神明祭祖先 一定要夠

的東西心會刺刺痛刺刺痛的呀。她說她有做，但對方還是接收不到實在也某花兜＊，而且她真的沒膽告訴對方那東西不好看，只能默默隱忍直到變成元首夫人出國參訪時再用這樣。

你們說，收到這種有驚沒有喜的禮物，是不是人生路上最艱難的課題呢？要如何面對真是一個考驗哪～（煙）

收到怪禮物時的KNOW-HOW

1　常帶著對方一起逛街，讓對方了解你的品味。

2　千萬不要馬上表示厭惡，畢竟有心最重要。

3　可以說這個我不太會用到，因為叉叉圈圈點點點的理由，總之不要說是因為醜，對方會傷心的。

4　定期舉辦交換爛禮物大賽，把東西都換出去。

戀愛講座（2）

一山還有一山低

初次約會很重要，有些本來讓人又心蕩漾*的對象，第一次約會如果不幸安排得不好熱度會稍稍減退；如果精心安排了美妙的首約，原本明明只是把對方當普通朋友看待的，很可能約著約著愛苗就滋長了。當然很會安排約會不能代表什麼，甚至以後也可能會跟年長的上司在公司眉來眼去、在茶水間偷偷摸摸、開會時腳在桌子底下磨蹭、最後還告訴女友他的空虛是一頭野獸會傷害身邊的人，隔天手刀*去睡上司這樣（啊我好像說太多了，其他的真的不能再多說惹*）。

會說這些是因為最近友人經歷了超爛的第一次約會，讓我回憶起我的約會人生（遠目）。

話說有一次跟朋友介紹的男性去看電影，在電影院門口對方問我想看什麼電影，我羞答答的縮*只有不敢看鬼片其他都OK，該男回答那就看《鬼影人》吧，然後不等我羞答答的告訴他，聽這個名字研判裡面應該有一些些鬼哦，他就一個箭步去買票柳*，留我一個人在原地想這是整人節目嗎？這種耳朵很硬的男人應該被噴乾冰判出局了吧。

找話題也是個大學問，記得某次跟一個離職同事約會，我們在公司沒講過什麼話，約出去氣氛有點小尷尬。對方可能也不知要聊什麼吧，就一直跟我聊當兵的事（噴乾冰！）。聊這個女人最沒興趣的話題也就罷了，他當兵時還生了一個叫鼻蓄膿之類的病，兩、三個小時內一直聽他講別人在跑操場時他是怎麼樣的因為鼻膿都在休息，最後又去開刀挖出了多少膿的故事，感覺可

以拍成一部膿膿與忠狗的卡通，再聽下去都快聞到膿味了，就算對方是金城武也沒法再出去第二次啊。

本來以為我醬＊算很帶衰了，結果友人更倒楣。

她收到已經產生曖昧情愫的男人邀約上陽明山，想到要和情投意合的男倫＊去這個約會聖地她就精心打扮了一下，穿上甜美的長裙打算進行一個以看夜景互揉身體為前提的出遊，萬萬沒想到車開上山直接進了傳說中的第二停車場。我本來猜是要進行赤激＊的車震（警世小語：車有車神，不想得罪祂的話請不要在車上义交＊啊），但事情當然不是這麼簡單。停車場裡有些人不停的表演甩尾，友人被拉出車外看特技表演。沒夜景看就罷了，也不是要在車內談心，為了怕被輾斃，朋友就穿著甜美的裙子站在分隔島上，被現場輪胎磨地面的聲音弄到休誇＊焦躁。

說到這，我覺得要逼一個人說出實話就把他綁在椅子上，在旁邊一直用保麗龍互搓或用叉子刮碟子或用粉筆磨黑板，要不就是在旁邊一直甩尾或急煞車＊，讓他聽輪胎磨停車場橡皮地面的聲音，醬＊一來再怎麼堅強的鐵漢都會說我招我什麼我招了啊！

反正友人的約會就被帶去逼供，因為太吵全程沒講什麼話，應該是連「他待會會不會牽我的手」這種浪漫的幻想都妹有＊吧，感覺對方在呼喚她時她就回頭來個甜美的微笑，然後想縮＊老娘這是為誰甜美為誰忙啊（左手背拍右手心）。更倒楣的是隔沒多久那個男人又帶她去同個地方想看甩尾，在那邊來回踱步徘徊了半小時都沒人表演，最後男方黯然的載她下山連順道吃個土雞也沒有，真是我聽過最瞎的約會了啊啊啊。

說到這又讓我想起另一個好姊妹的故事。有一天我揪＊她出門聚聚，她回我：「今天不行，我要跟男友的車隊出去聚會。」我驚訝的倒退了三步，這麼烈火青春追夢人的行為，實在不像三十歲輕熟女的約會內容啊啊啊。隔天我急著想知道車聚是怎麼回事，她說就是下班後乘著男友的車往金山駛去，到

了那裡車友已經吃完飯了，大家就默默的看著他倆呷奔＊看得她很不自在。吃完後討論一下接下來要去哪，車友們再分別把車開到大直美麗華聊了一下天（之中還少了幾台，可能是回家了），分享改裝車的心情。但聚會一半以上的時間都是自己待在車裡，並沒有相聚感，跟我們想像中的車聚差很多。實在很想了解車隊人的內心世界，如果想要聚聚應該大家坐下來聊不停，腮挏＊到遠方什麼也沒聊再開回來，大部分時間都獨自（或帶著女友）坐在車裡，這根本只是在趕路吧。

這位朋友的約會運似乎不太好，之前有段戀情，第一次約會時被男方帶到漫畫王。男方彷彿很累，進去後沒多久就趴在桌上睡著了，她想縮＊讓他休息一下吧，就在旁邊默默的翻著雜誌怕吵到他。約莫兩小時後睡王之王終於醒了，看看時間說啊我還有下一攤就先送妳回家吧，於是乎一頭霧水的被送回家了。

不過我想跟她說不要喪志不要灰心，因為一山還有一山低，看看上面的例子就知道了啊。（攄）

（男生）營造浪漫第一次約會的KNOW-HOW

1　見面時可以送一朵花，聊聊彼此，不要聊當兵。

2　自己訂好餐廳直接帶她去，不用先問她想吃什麼，並且不要聊當兵。

3　心機重的可以在後車廂準備一點煙火，吃完飯去河濱公園放一下然後不要聊當兵。

4　回家之後要傳簡訊說今天很愉快，記得千萬不要聊當兵啊！

戀愛講座（3）
愛人不疑疑人不愛

有天看到一個新聞說屏東有個婦人可能是在什麼喜宴之類的，就是可以點歌歡唱卡拉OK的那種場合，點了一首世界經典合唱名曲〈雙人枕頭〉，剛好有位男子也點了這首，於是就對唱起來。沒想到這名女子的老公聽到了醋勁大發，當場對太太一陣拳打腳踢，最後太太決定去醫院驗傷並聲請保護令，一段婚姻就從雙人枕頭變成無言的結局。

還有一個類似的新聞是說有個太太收到晶晶晶廣告公司的罐頭簡訊（不知道這公司總機接電話時是不是說：「晶晶晶您好～」感覺像結巴了啊），內容為「手錶慢了，害您約會又遲到」，她的老公一看之下不得鳥*，直接認定妻子肯定爬牆惹*，也是一陣拳打腳踢，還打到老婆住院好幾天。最後先生發現是業者的罐頭簡訊後有道歉，但女方還是堅持要離婚，現在處於一個分居的狀態。

看到這兩則亂吃醋釀災的新聞，讓我想到吃醋就像吃銀杏一樣，過與不及都不好。銀杏雖然有抗憂鬱、抗氧化、增強心血管及強化記憶等功能，感覺有吃有保庇，但它跟眼鏡蛇一樣含有一些破壞神經的毒，一天吃超過七顆恐怕會出歹揪*，萬一吃一個太涮嘴*一顆接一顆，有天到臨界點就毒發身亡嗯湯啊嗯湯*。

奇怪怎麼會講到這個？讓我們回到吃醋這個話題上（跳一下*）。

說到吃醋，真的要語重心長的跟電視機前的觀眾朋友分享敝人慘痛的經驗。

我有段比較知名的戀情，毀在男友去睡了他的（老）女上司……（拭淚）。當

年在熱戀時，我就是沒有上面兩位丈夫那種過人的警覺心，一開始是男友在晚上常會接到（年長）女上司的電話，聊一些上班時明明可以聊個過癮，但不知道為什麼一定要晚上打電話聊的公事。當時我不疑有它，以為只是對工作狂熱的表現，心中還暗喜自己好會選男友，選到一個世間少見對工作這麼有熱情的青年，他沒有前途誰會有前途呢。

後來他們慢慢開始聊些私事，比如看到什麼節目好看就互報一下，這邊一個簡訊過去那邊又回個簡訊過來，這裡的看到回覆再傳個心得過去，於是，於是那邊不按幾個鍵可能會手癢難耐，又回了一封過來。一個晚上兩造大拇指就這樣汲汲營營的在打簡訊，當一旁的正牌女友我本人是死的就是了。有一次（老）女上司心情某厚*，打電話給我男友嬌嗔，哀說想喝酒不知道怎麼調要他教。雖然說想做菜可以看阿基師、想調酒可以查奇摩知識，非問他不可實在很怪，但因為這種事並非天天發生，他們講話也不會講到天長地久講得花枝亂顫，所以我還是沒發現有什麼不對勁兒，反而覺得人類能跟上司變成好友不容易，仍然認為該男子是不可多得的好青年哪，能搏得上司歡心等於前程似錦不是嗎？

寫到這裡我檢查了一下，好像還是不構成需要吃醋的條件吼？這樣看來，新聞裡那兩位先生也實在是太衝動了些，而且吃醋就算了，竟然還動手打人太不應該，但我們先把它放在一旁繼續說我的故事……

之後男友開始會在加班時，順路送（老）女上司回家。有多順呢，就是從信義區送到新店再回到自己家南港這麼順，親像*吃了宏星加味姑嫂丸一樣的順順順。有一次我們去沖繩玩，當地剛好有賣一種上司喜歡的小玩偶。你也知道名產店就是釀*，同樣貨品裡面有九九八十一個讓人買，男友深入玩偶堆中，想在一狗票一毛一樣*的娃娃裡找個長相比較端正的獻給（老）女上司。我還是不知死活的跟他一起挑，幻想自己是個賢內助這樣。最後這個故事要收尾惹*，愛人不疑疑人不愛的下場，就素*莫名奇妙被甩，然後甩人的

男友因為心情某厚*，隔天晚上就去睡了上司療情傷，像小龍女和過兒要裸體練功療傷一樣，可能那樣療效咔*強吧。

老實說，經過這件事之後，我再也不會覺得吃醋是件不識大體的事了。不過上面那兩位先生算是太誇張，怎麼有事不能用說的嗎，打女人的男人最沒用了啊！（戳太陽穴）

接到女上司電話時的KNOW-HOW

1　義正詞嚴的說：「我可是有女朋友的人請妳放尊重點！」然後掛掉電話。

2　不假思索的說：「下班了，有什麼事可以上班再說嗎！」然後掛掉電話。

戀愛講座（4）

給不接電話的他

話說本座是個極容易分神的人，只要坐在店裡，隔壁桌的對話不小心讓我聽得太清此*，我就會放下手邊的事專心投入他們的世界，就像《食神》薛家燕在廚師前跳舞，抬頭看她的就OUT，我正是第一關就被刷下來的那種人……

有天出門遇到一對約會中的男女，感覺是不太熟的，因為女生在問男生家庭結構及工作等等問題。男生報告得極詳細，事實上太詳細了點兒，怪只怪女生會發問，比如提到他哥哥，中間有停頓時女生就會說那你哥在公司擔任什麼職位殺小*的。我可以理解其實這是一種怕冷場的強迫症，因為哇奔郎*就是見縫插針症的重症患者，而且我丟問題出去根本沒在聽答案，只是想突破僵局而已，建議對方不用認真回答，找些有趣的話題聊聊吧，在旁邊偷聽的人一天也是二十四小時不容浪費，請顧慮一下偷聽者的心情吧。

聊著聊著那個男的電話響了，他看了一下誰打的然後收起來不接，女的問說你怎麼不接呢，男方回答平常日子都一直接電話，現在想休息一下。身為隔壁桌的代表，我覺得當事人在說謊！（指）（←大家有感受到我的律師魂在燃燒嗎）他等一下絕對會說要去廁所，然後打電話給剛才的發話方說「寶貝兒我剛在騎車沒聽到電話響」這樣。

我在想，這種事在旁邊看會覺得怪，自己身處其中就不會覺得有異狀吧，反而還覺得很甜蜜這樣。當年我和某人第一次約會時，他也是不接電話而且很狠的直接關機了，但他嘴很甜，直接說我跟妳在一起時不想被人打擾。聽到

這個一定要雙腿一軟帶個嬌嗔直接跌入他懷裡啊，我們娘兒們就是這麼好騙。後來某人想分手時，明明在搥牆搥得呼天搶地還哭泣的說他的空虛是一頭野獸會傷害身邊的人，中間有通公事電話打來，他就接起來把聲音從哭腔切到正常腔，很正色的講了一下，之後掛斷繼續哭這樣。你看，這就是想在一起和想甩人的差別。

後來我又有個約會，男生手機開震動，一個下午包包抖不停都不接，不過他也沒看是誰打來的，直接置之不理。我想說乾脆連震動也關掉好啦，因為震動會發出「滋～～」的聲音，整個下午滋滋聲不絕於耳朵不煩嗎？而且不知為何我聽到手機震動時的滋滋就會感覺大腿痠軟，多半是因為聯想到洗牙這件事，要不是對對方沒什麼興趣，不免又要雙腿一軟跌入他懷中惹＊。後來證實那是他前女友在查勤，一方面覺得前女友有必要管那麼多嗎，另一方面也覺得不接電話的人真的心裡有鬼啊。

其實不是只有女生才這麼傻，我有個男性朋友也這樣。他女友跟他在一起時都不接電話，理由是為什麼電話來就要接呢？誰規定人家要找我我就一定要被找到？這麼說來好像有點兒道理，後來他打給女友女友也會不接，想縮＊不接電話是她的傲骨也就很釋然（屁！）。就像有時候去餐廳遇到老闆雞歪＊又冷酷我反而愛去，誰叫我是個賤賤賤賤骨頭。結果那個女人根本是個劈腿狂而且有小孩，事實證明在L．O．威．E＊內的人都有點傻。

所以，不要相信在妳面前不接電話的男人，他們……（馬的我辭窮惹＊）本來想學女王來個箴言式的結尾但好像很失敗，學女王好難哦，干＊！

腳踏兩條船的KNOW-HOW

1　要養成電話愛接不接的習慣，讓另一半以為這是你的天性，比較不容易出包。

2　假裝自己不愛過節，不然重要節日要跑兩攤很累。

3　最好叫差不多的小名吃差不多的東西去差不多的地方，免得一時忘記了跟這個去哪跟那個去哪會很麻煩。

4　劈腿下面會爛掉愛字意＊蛤＊～

戀愛講座（5）
他劈腿了嗎

敝人生來就對莫名奇妙或是灑狗血的事特別有興趣，最近的嗜好是看雅虎奇摩時尚的兩性話題討論區，裡面有很多人會自欺欺人的問一些已經知道答案的問題。

例如有個案例是女生發現男友跟她在一起總是會關機，有一次趁他去洗澡時打開手機發現有二十三通未接來電，還有一封簡訊寫著：「電話都打不通，我很擔心你，很想你。」後來發現男友的皮夾裡有一張去旅館的刷卡紀錄，女生心裡很緊張又不敢問因為擔心他真的出軌了然後被對方提分手，不知如何是好。一看到這裡，我心中的吳兆南立馬*跳出來回她：「您甭找罵挨了。」這還用問嗎，他就是出軌了就是出軌了啊（戳太陽穴），平常沒事誰會奪命連環摳*二十三通啊，都看到旅館刷卡單了還有假嗎，難道一定要看到他跨在別的女人身上才算數嗎！（都上火了我）

上次還看到另一個案例，當事人的男友在魔獸中結交女網友，女方是年長一點的家庭主婦，兩人打魔獸打到互稱老公老婆。女生覺得怪怪的，男友回縮*這只是電玩世界的用語，在現實生活中我還是愛妳的。女友覺得反正對方是個年長的女性兩人應該不會有染吧（年長啊……我大大的嘆了一口氣～），直到後來那個老婆的真老公也找上門來，女友就焦急的到那個版上去問大家她男友是不是劈腿了，真是無言哪。

不過我想戀愛中的人就是常會被鬼遮眼，我有個朋友也在男友的簡訊裡看到他跟人互稱老公老婆，男友辯稱那只是代號，妳如果想要的話我也可以跟妳

互稱老公老婆啊，但那又代表什麼呢？在這個事件前則是看到他男友在簡訊中跟人互稱喵喵和汪汪，私以為這題已經跳脫到底有沒有劈腿，層次提高到一個會跟人互稱喵喵和汪汪的人是不是個值得託付終身的對象，我寒毛都站起來了，好想餵他們吃磚頭啊。而且案發後他們還是在一起，朋友都想賞她巴掌了她還是相信那個男人。最後因為看了《開運鑑定團》，聽到星座專家唐老師說：「明天射手座的朋友，可能會發現另一半劈腿的證據哦～」她閒來無事又去查，被劈事件才正式宣告破案，因此覺得唐老師是改變她一生的人。有天我跟阿寶聊到這件事，阿寶說不用唐老師，去問任何一個人大家都會告訴她她被劈了啊。

說到這，我覺得唐老師的愛情說得很準哦，瑪法達我覺得事業方面比較有可聽性，愛情那類的答案都好模稜兩可，比如「愛情是一種情緒陷溺」或「愛情是一顆耀眼的迷星（這殺小˙？）」。至於叉叉安，自從某次看到她上《康熙來了》，表示有女明星為了抹黑她，說她有通告是因為跟製作人上床之類的，對照她的長相，我不認為有機會成為女明星批鬥的對象，從此決定不再相信她說的任何事。對了，她還說男友會把她綁在床柱上那個，我又想到她的臉，心想她是不是為了面子沒講出男友每次都忘了把她解開就走了（搞不好連叉交˙都忘了就急急出門了，綁住只是怕她硬跟這樣）。

寫到最後不會收尾，再講個偷吃的案例好了。

有個朋友的男友愛把女明星，所以她老在《壹週刊》看到男友偷偷跟人約會的照片。這還不夠肚爛˙，更煩的是出刊後她會接到兩百通電話問她有沒有看到《壹週刊》，每通電話都踩在她的心尖兒上。伊ㄟ慘，五蝦郎尬伊必～（音樂響起）

警語──
口業造太多會得不到幸福，請酌量

又一個警語——

發現什麼蛛絲馬跡時，想想這件事如果發生在朋友身上你會不會覺得他的另一半偷吃了？如果會的話就不要再自我安慰了，好好仔細追查一下吧！（摟）

辨別對方是否偷吃的KNOW-HOW

1　在你面前故意不接其他電話，偶爾也會不接你的電話。

2　手機管好好的不讓你碰。

3　注意警訊：男生——開銷增加／女生——新東西變多。

4　突然間加班變多了，彷彿公司沒他就會倒掉一樣。

戀愛講座（6）
六分鐘獻一生

!?
不知道人類過了一定年紀後，是不是都有苦無機會認識異性的困擾？至少本書的出版社社長丟係˙安捏˙，所以之前我倆去參加了一場以結識異性為前提的聯誼。

我們報名的是時下流行的六分鐘SPEED DATING。如果你有關心過這種快速約會，應該知道市面上普遍都是主打七分鐘，理由好像是有什麼科學根據，七分鐘是兩個人從陌生到產生好感最恰當的時間（之類的），而我們參加的六分鐘應該是子宮頸抹片最恰當的時間。其實省下一分鐘也成不了什麼大器，所以到底為什麼要比別人少一分鐘，老實說我不是很明白。

先介紹一下社長這個人（但大家有想要跟他熟嗎），我認識他到現在一年半了，好像從未看過他騎車出門，要不坐計程車要不坐捷運或（無恥的）搭別人便車，那天看到他騎著歐兜賣˙現身好生意外，不過這就是聯誼的KNOW-HOW——隨時做好準備送人回家（或去別的地方）吧，這個小常識在此分享給大家。

這是一個小規模的聯誼，總共才七組人馬，七男七女共十四人，男生一排女生一排對坐著。時間是八點開始，我們晚到了五分鐘大家已經聊開了。不得不再說一個常識，就是參加這種活動可能會有不安全感或是害羞，所以有時會想揪˙個朋友去壯壯膽，這時你的朋友最好是同性，如果找異性，平平˙花一樣的錢，你就硬生生比別人少了一個結識異性的機會。我和社長就是沒想到這一點，所以互相取暖的一起報名惹˙，導致一開始我們就對坐著，但

完全沒有聊天的意思，看著整個場子陌生的男女們使出渾身解數在調笑，我倆之間卻只有沉默，用四隻手指喀啦喀啦敲著桌子，想著要如何度過人生中最長的六分鐘……原來六分鐘並不算短，不然怎麼這麼難熬啊～（喀啦喀啦喀啦）

主辦單位很鐵腕，六分鐘一到就搖鈴叫男生們往右邊的位子移，社長老當益壯用光速飛走了，對面馬上換了個新面孔。事前有發一張紙，上面列了七組人馬的姓名以及感到尷尬時可派上用場的題庫，題目是工作星座哪裡人以及休閒活動洗瞎密*。

我最不會填興趣欄了，因為仔細想想好像並沒有對什麼事特別有興趣，我也會看書也會聽歌也會看電影，但真的沒有到很感興趣的地步。可是跟不熟的人聊天就是這樣，說了什麼會被打蛇隨棍上的追問，對方倒也不是真的想知道，只是找不到話講只好緊咬著話尾。比如我說住內湖，就會被問內湖哪裡？怎麼上班？坐幾號公車？要坐多久？？一連串的追問安揤*。可怕的是下一個人來又是一樣的問題，我開始很慶幸約了社長來，至少這個自我介紹的大輪迴可以少一次。還有，因為場子小位子近，難免會聽到隔壁在說些什麼，耳朵長旁邊不就是為了要聽隔壁桌的人說什麼的嗎（是嗎）。所以隔壁女生的身家我整整聽了七次，我們可以算是閨中密友了吧。

當每個人都輪完六分鐘，我以為壓軸的要來了，就是有團體活動或機智問答等等，或是由主持人活絡一下氣氛讓大家更親近一點。結果主辦單位宣佈：「今天的活動圓滿結束，謝謝大家～」聽到之後我休誇*傻眼，時間還不到九點半耶，好像也沒聊到什麼就沒了。但後來聽行家說SPEED DATING丟係*安揤*啦，原來SPEED不是浪得虛名真是失敬啊失敬。

結束後我拉著社長要走，啊嗯勾*他一直想和女生聊天遲遲不肯離去，經過他介紹我才知道現場竟然還有二十出頭的女大學生，這種年齡限制太寬的活動對於中年婦女哇奔郎*來說太吃虧了，看到女大生緊實的巴底*誰還要來跟

我說話啊。

差點忘了，聊完之後有請大家在紙上勾選聊得來的對象，最多可以選五個，如果呈現郎有情妹有意的情況，就會把MSN給速配成功者。為了幫社長做面子我有勾他，但事後沒有收到速配通知，可見那個傢伙沒有勾我！六個女生中他勾了五個，結果也都沒有成為保持聯繫的朋友，這就是重色輕友的下場吧，這麼警世盛竹如都要來下眉批了啊～

不知道是不是因為大家覺得這種聯誼目的不夠明確，近年來好像比較流行婚友社，目標明確且不浪費時間，大家都是抱著「拎北*是來找結婚對象」的心情加入。聽說人類一加入就被分了等級，比方說我這個五專畢業長相平庸的OL，等級可能就不會太高，沒辦法跟留學歸國的律師當同一國，所以也不用肖想*可以嫁給他們。要突破這個困境只有一個方法，就素*再多交錢，就可以跟上等人進行一個以結婚為前提的見面會，跟買官差不多意思。婚友社的人說女生普遍設的條件是不要矮不要禿，男生則是年輕年輕和年輕，反正就是小美眉吃香。這真是一個殘酷的數據，感覺是花錢買羞辱，寫到這兒馬景濤不免又要出來淚奔了。

又，聽說在上海的人民廣場，每逢週末會有一群老人聚集，帶著A4大小的紙，有的是列印的有的是手寫，上面是家中未婚子女的資料，有姓名／出生年月日／工作／年薪等等。他們會把紙掛在樹上，然後遠遠的看著自己那張，如果有別的老人走近端詳，他們就冒出來進行一個配對的動作，要是兩造之間聊得開心，再擇期帶子女出來認識一下。據說會用到這招的多半是超齡未婚者，而在大陸多大算超齡呢？女生差不多是二十四歲吧，如果二十六歲沒嫁，鄰居會研判這姑娘肯定有什麼問題。這又是一個讓人好悲傷的數據啊，如果我身在大陸，家母每週去參加那個盛會，可能已經變成人民廣場上的一尊活化石柳*。

寫到這，發現這話題不管怎麼繞，結局都好賺人熱淚，字字句句都踩在自己

的心尖兒上。前陣子江湖還盛傳單身者健保費要調漲這件事，唉～有頭髮誰願意當禿子捏＊？嫁不掉也不是我故意的啊啊啊。

聯誼必勝的KNOW-HOW（女生版）

1　不要穿太露，走端莊路線比較受歡迎。

2　不要太活潑，以一個樂意傾聽隨時都保持微笑的形象咔＊吃香。

3　不要約異性朋友參加，免得人家以為你們是一對。

4　不要約太正的同性朋友參加，站在美人旁邊絕對不吃香！

參加婚禮這麼做就錯了

⁉️ 我一直認為自己運氣不錯，因為朋友少的關係，從進入社會到現在十幾年了，吃過的喜宴不超過五個吧。只要想到因此省下了不少開支（去一場至少要包個兩千六左右，對房貸奴來說是個會讓腦袋突然轟一聲的數字），就覺得沒朋友的人生其實也美賣*。人生走到這步田地（哪步呢），漸漸失去少女心後看到別人結婚比較不會感動了，甚至覺得收到紅帖其實是件親痛仇快的事，如果不巧是在手頭咔*緊的月底收到，不夠堅強的可能還會有點輕生的念頭。

實不相瞞，以前FULL OF少女心的哇奔郎*也曾對婚宴充滿粉紅色幻想，因為我有個好友就是在朋友婚禮上認識了男朋友後來嫁入豪門的。本人在她的婚禮上擔任伴娘的角色，那時想縮*理所當然的可以打扮真是太開心了啊，不然參加婚宴過度裝扮感覺就像想去勾搭男人，就算是鐵一般的事實，但是醬*被人一眼看穿還是會羞怯。當伴娘不但有專人梳化，還可以穿伴娘禮服，雖然說胖子穿禮服一點都不好看（其實胖子穿什麼都不好看，但不穿更難看，胖子的人生路好崎嶇啊），但本人以豁出去的心情，選了一蘇*讓乳溝看起來跟馬理雅娜海溝差不多深的禮服，想讓大家眼神裡的死八賴*都照在我的奶上，不要看到臉或粗手臂及厚背和大卡稱*。

啊嗯勾*，這一切都被我那便宜的黑色NUBRA毀了。其實我何嘗不知白色禮服裡不該穿黑色不辣甲*呢，但總覺得膚色太像阿桑了嗯湯啊嗯湯*，又剛好沒有白色的，就買黑的擋一下吧反正穿在裡面沒人看到。但因為禮服實在

太低胸，我的黑不辣會一直探頭出來勾搭富家子，感覺像個不正經的（胖）女人；又因為是個便宜貨，黏久很不蘇湖＊，不但一直要掉要掉的，還導致皮膚癢央＊，只好趁四下無人時雙手扶胸按緊它好似在揉奶，或是在大家都沒注意時以大猩猩式的搥胸來止癢，完全忽略了那是一場婚禮，大家的焦點和相機雖然都對著新娘，但走在後面的伴娘難免會被拍到。像一隻憤怒的大猩猩跟在後面，難怪沒有如意郎君來跟我搭訕哪……

拉回正題（對，以上七百多字都是廢話來著）。單身女子不免會想在婚宴這個浪漫的場合，和如意郎君來個命中注定的邂逅，認真一點的還會花一筆置裝費順便再去做個頭髮什麼的，力求當天表現完美。只因為江湖傳言婚禮是個適合找對象的地荒＊，紅包錢都開下去了，不在這加把勁兒很某菜＊。但我個人在這方面的業績是掛蛋，投資出去的從來沒有回收過，總是在做賠本生意來著。後來想想，我會這麼一事無成，應該都是因為太準時的關係。

台灣人的婚宴似乎都會晚開席，寫著六點半但通常七點半了大家都還在嗑瓜子止飢，菜根本也還沒上，導致大部分的人都視帖子上的時間如浮雲。啊嗯勾＊本人對時間這件事有點神經質，錶永遠要轉快五分鐘製造緊張的氣氛，除非有什麼特別原因，不然應該都不會遲到。如果你和我一樣，參加婚宴時請改掉這個好習慣，放縱自己晚到一點吧，因為也許是要讓大家覺得不孤單，參加婚禮時同學有同學桌同事有同事桌，但恕我直言，誰要跟認識的人坐啊！誰想要敘什麼舊啊！敘舊可以嫁掉嗎？敘舊可以著床＊嗎？敘舊可以光宗耀祖嗎？拎北＊要認識人要認識人哪～～～（翻桌）

為了省桌數主辦單位通常都會把桌子塞滿才開新桌，也就是縮＊你如果晚到，人家也不會幫你留位子，稱職的婚禮招待通常會找個落單的人去補那個坑。參加婚宴前先叫朋友幫忙佔位子，是涉世未深的傻妹或是有對象的人才做的事，我們大可以不必有這種溫馨的舉動，就讓路人去坐我們的位子吧。在陌生的桌子上才有機會認識新朋友，這跟沒有國哪裡會有家一樣，是千古

流傳的話啊～如果同桌的陌生人都是歪瓜劣棗咩安抓*？只能說你自己衰啊下次再來過吧，老師不可能包娶妻又包生子啊。

不過真的遇到這種絕境也不用灰心，生命會找到出口的。話說有一次我參加同事婚禮就是遲到了，拒絕了友人的加椅子提議（誰要塞在朋友桌啊，老娘要認識新朋友！），表面無奈實際上超嗨桑*的被分派到別桌，不巧那桌雙雙對對的一點搞頭都妹有*。不過那好像是後來加開的桌子所以不滿十人，我還記得是在忠孝東路的神旺飯店，不但桌子沒滿，同桌還有人吃素，所以飯店除了原本的菜色又上了素食，形成五人去吃十人桌菜的局面，吃完要在忠孝東路走九遍才能消化，不然一坐上車顛兩下就要吐了吧，而且我懷疑三天內都不會巴豆夭*了，花一樣的錢可以吃到凍*三天真是太划算了呀。

結論是上帝關了你的門就會打開你的窗是千真萬確的，但吃超多跟認識如意郎君反差很大，好像是個失敗的例子吼……

穿NUBRA的KNOW-HOW

1　想要事業線奔放一點的盡量往外貼，也就是NUBRA的膩顏*。

2　不要對準自己的膩顏*，要往手臂的地方點，醬*接起來時才會擠出一條線。

3　便宜貨不可取，黏久了會擴央*。

4　D罩杯以上建議不要用，因為NUBRA不輕，黏上去後奶太大的會垂到腰上。

5　江湖傳言戴久了乳暈會黑（悶到缺氧嗎），請酌量使用。

參加婚宴的KNOW-HOW

1　為了緬懷失去的紅包錢，一定要大吃。

2　只有大吃不夠，最後三道通常都沒人碰，記得要打包。

3　沒對象的女生記得去搶捧花，倒不是搶到真能嫁掉，而是要彰顯沒男友的身分，讓別人注意到妳。

4　不想結婚的千萬別帶另一半去參加婚禮，除了會被閒人盤問何時輪到你，還可能引起對方想婚的情緒嗯湯啊嗯湯*。

千拜萬拜不如元宵當天再去拜

!? 元宵節當晚十點多，MSN上的一位友人貼給這則新聞：「元宵節不只賞花燈熱鬧，今天台北大稻埕霞海城隍廟更是人潮滿滿！相傳元宵節拜月老，對姻緣特別有幫助！」短短五十個字用了兩個驚嘆號，對於提升興奮度相當有幫助，我光看都覺得桃花在綻放了，〈結婚進行曲〉也在腦中迴盪起來，直想手刀*奔去城隍廟狂拜個十萬八千次。文中說道：「廟方強調今年元宵節的月亮是五十三年來最大最圓的一次，據說會特別靈驗。」對於想結婚的人來說這真是個大利多，感覺那天拜了會增加一甲子功力，有事半功倍的效果。江湖曾經傳言千拜萬拜不如整箱國農拿來拜，我想月老廟是千拜萬拜不如元宵當天再去拜吧。

以前我也對拜月老這件事著迷過，那次不知聽誰說霞海城隍廟超靈驗，拜過的女孩兒們都用光速交到了男友，有些有男友啊嗯勾*對方還沒結婚打算的人，拜了之後男生就像被下降頭般求婚了。這種故事對於沒愛情的人來說跟心靈雞湯沒兩樣，那時我和兩位好友都單身單了很久，一聽之下當然就全身熱了起來，覺得這事兒刻不容緩是急診是急診啊，於是隔天立馬*拉車前往廟裡拜拜，祈求神明賜給我們如意郎君。本來出發前還覺得有點羞怯，想縮*也是正正常常的女孩兒，去拜月老不是擺明了告訴整條街上的人我們是滯銷品嗎？後來看到廟裡人山人海，其中不乏在東區搖擺的那種型男美女，這才放下心中的大石頭，專心跟月老商量一下終身大事。

這廟儼然是個觀光勝地了吧，裡面充滿了很想把自己銷出去的人，過程就不

贅述了，只把重點提出來跟大家分享一下。拜月老有個KNOW-HOW是萬萬不可忘記的，除了一般拜拜一定要講的出生年月日／姓名／住址之外，記得一定要列出擇偶條件，這樣月老心裡才有個底，比較好幫忙找對象。像那種人家問你有什麼條件會回答「我都可以耶看緣分囉」這種話其實才是最嚴苛的吧，重點是聽說月老不會受理這種案件，祂老人家前面擺的卷宗這麼多，怎麼會管這種不清不楚的呢？

當天我們一拜完出來，其中一位就被對面中藥店的小哥搭訕了，有沒有這麼靈啊。然後我當然不能免俗的把這件事再跟另一位空窗多年的朋友分享，她一聽也覺得機會不可錯過，於是上網查了一下，發現除了霞海城隍廟之外，台南有一間月老廟也是人人都稱讚的靈。於是同一個月內，哇奔郎 * 又緊急驅車南下見南台灣的月老一面（看到這，大家該不會以為這篇文章的主題是飢渴吧）。

一個月內拜了台灣兩大著名月老，讀者應該很想知道我有沒有順利出清存貨吧。結果是沒有！我想拜月老這種事是正正得負，同時劈腿拜兩家會讓神明不開心的嗯湯啊嗯湯 * ～

拜月老的KNOW-HOW

1	要去拜拜前請用心打扮。
2	拜完要喝門口的甜湯時不妨多站一會兒，看看有沒有看對眼的，會來拜的肯定單身。
3	廟方給的紅線要收好，聽說紅線被誰撿走就會跟誰在一起。
4	所以也不能收得太好，免得一輩子嫁不掉……

戀愛講座（9）

追求幸福你要學習忍耐

!? 新聞說鍾欣凌將在年底步入禮堂，還說她透露在認識男方之前有七年的空窗期，有人介紹求桃花祕方，於是她就「每天泡玫瑰浴、上面灑二十七片玫瑰花瓣，在晚上十一點到凌晨三點之間泡七分鐘，連續泡七天、每天都換不同顏色的花瓣！」

相信電視機前的孤家寡人看到這個新聞，精神都為之一振了吧。七年耶！在空窗期界算長的了，要是生個孩子已經上小學，再給一年的時間抗戰都成功了，是空窗界的重症患者來著，這麼棘手的案子連狄仁傑都要辦很久，結果一做完法愛神就來敲門，可見這個招桃花大法多有效。

想想這個法做起來蠻麻煩的，不但有時間和花瓣數的限制，竟然七天還要換不同顏色的花，鄙人才疏學淺，都不知道世上有這麼多顏色的玫瑰花咧，這麼麻煩難怪能馬上出清庫存覓得如意郎君。這樣說來我的招桃花法顯得很隨便，難怪做了好一陣子都沒成效。

剛失戀時，因為活得行屍走肉親像*稻草人（←突然被葉啟田附身），姊接*看不下去就來我家幫我施展桃花大法。內容很簡單，只要放一朵玫瑰在床頭就好。她有叮嚀不能放別的地方，還有花最好是紅色系安捏*，如果看到花瓣要掉要掉的或邊邊有點黑掉，要立馬*把它拔了免得招來反效果（這句是整個流程的重點要嗨賴*）。這法事很容易，對我來說唯一要克服的就是睡在花瓶下，總擔心睡著睡著打到它或是地震來訪，水會直接倒在臉上，但追求幸福你要學習忍耐（←又被高凌風附身，太小的孩子沒聽過吧）。剛開始我

都有照做，每天回家第一件事就是檢查花的生態，怕它趁我去扁班*時偷偷長蟲或謝了。但時間一久人就懶了，想到要走去市場買花腿就軟，最重要的是我招桃花招了一個月左右，生活中並無出現任何異性超喪氣搭*。

新聞上說鍾欣凌的媽媽每年有幫她點姻緣燈，而我娘為我的姻緣也做過一件奇怪的事。

我媽曾經試圖介紹一個男人給我，是朋友的親戚吧，據說人很好又會賺錢（媽媽超在乎這個），然而是個喪偶有小孩的鰥夫。老實說喪偶我深表同情，要當現成的媽其實也不是太排斥，問題是看到照片感覺沒什麼眼緣，啊就不是我的菜能怎麼辦（兩手一攤）。而且家母一再強調不是離婚，不用擔心他是人不好或是會跟前妻勾勾纏*什麼的，殊不知我是熱愛台灣民間（鬼）故事的愚婦，對於往生前妻超害怕的啊（抖）。我媽眼見苦勸無效，就把那對父女的照片放在我家供桌上，一開始躺著，後來可能怕我沒注意或看我無動於衷，竟然把照片立起來，讓他們站在祖先牌位和我爺爺的照片旁邊，都不怕當事人心裡不舒服（他們當然不會知道啦）。這招其實很險，因為每天看到外人在我家供桌上，對於有時會不小心拜到感到很抱歉，同時也對家母的心智狀態感到懷疑。彼當時*我好像還不到三十我媽就在擔心我嫁不掉，還真是個很有憂患意識的老木*啊。

由於我家沒浴缸，為了服務廣大跟我一樣沒浴缸（又嫁不掉）的讀者，我找到一個感覺起來很威的招桃花術分享給大家。

首先去野外找一顆桃花樹（不知道花博裡有沒有），順時針繞著它走，依生肖分成屬鼠的走一圈屬牛走兩圈屬虎走三圈以此類推。走完折一支往東方長的樹枝，約一支筆的長度就好（此動作不建議在花博做，可能會被警察抓），拿回家綁上紅線，放在枕頭底下睡覺安捏*，據說三到六個月桃花會來報到（吧）。

招桃花的方法百百種，為什麼我覺得它最有效捏*？因為我感覺這招沒有利

益糾葛，比如買粉晶或是開運化妝等可能都是商人的陰謀，沒愛人已經夠心酸了錢千萬不能被騙哪！這招之所以聽起來很威，重點在於就算沒用也不花錢，大家快去試試吧～

面對漫長空窗期的KNOW-HOW

1　多學一點專長，不然去考證照也行，反正閒著也是閒著。

2　用配給的方式強迫朋友介紹對象給你，就算當不成男女朋友起碼有事可做。

3　用一下招桃花法，死馬當成活馬醫。

4　不然就多賺點錢吧，有錢可以買到很多東西啊……

戀愛講座（10）

戀愛三二一之小朋友不要看

!? :) 有個朋友覺得痣己*最近陷入單戀，因為無法得知女方的心意，所以遲遲不敢有下一步動作，於是某天就約大家出來幫他解決一下戀愛的困擾。

此人灰常*幸運，那天遇到三個戀愛專家，分別是戀愛達人江姊、人妻阿寶以及兩性作家哇奔郎*，三娘教子以各個角度幫他分析。首先我們聽了一下他的交往概況，有幾件事被劃了重點：

一、兩人一週見面四次以上，每次都混到清晨三四點，甚至曾經六點回家。

二、曾經十指緊扣。

三、女方不排斥跟他一起去戀愛景點（例如陽明山）。

四、回家後會傳曖昧簡訊給男方。

綜合以上四點，我覺得要把到這個女生跟在桌上拿一個柑一樣簡單！女孩兒根本就準備好了啊，只要把她打開一定會發現她穿著成套內衣褲而且標籤字還很深（下過水的字會變淺，擔藍*也有可能這女孩兒跟我一樣不愛洗奶罩），然後因為男生沒種，每天回家還會搥牆說浪費新內衣了吧。

男方表示，他試著去牽她的手，牽沒幾分鐘女生會甩掉，如果刻意把身體貼近，女生不會馬上閃避但總會慢慢的離開。啊嗯勾*又有個有利的證供表示，在戲院裡女生會主動提示：「ㄟ*～這是情侶座椅耶，扶手可以拉起來

宅女小紅　185

哦。」憑這點江姊覺得女生的身心雙雙的打開了，行動派的人妻寶也覺得不管什麼先推倒再說，因為她的感情觀是喇及＊三分情，喇過後就算本來還好後來也會越看越順眼。（是嗎？）（我承認我有一段好像是醬＊……）

我們會鼓勵他去探索別人的口腔不是盲目的，當然有堅強可靠的論點支持。女生們自己評評理，如果妳不喜歡一個人，會一週跟他出去四天每次都混到清晨嗎？如果妳不喜歡他，有可能跟他十指交纏而不立馬＊將他過肩摔嗎？不可能嘛！我們的朋友太容易受傷，只看到女方被牽著一會兒後甩掉，沒注意到她已經被你牽著一會兒了，這是重點是重點啊～（左手背拍右手心）我們三個資深女性都覺得這只是女生的欲迎還拒，男孩兒的臉皮實在不用那麼薄。

最後我們歸納出了「戀愛三二一」這個口訣，希望我們的男生朋友能做成錦囊放在心中：

三個步驟：

盡量靠近身體，以ALWAYS肩碰肩為原則→摸臉摸頭髮摟腰→喇及＊，做一個舌頭方面的接觸。

兩個狀況：

不是馬子就是＊子（斃取＊ㄟ＊意屬＊）。不用怕被拒絕也不用聽什麼理由，我只把你當大哥哥這種都是屁，如果一個女生一天到晚跟你出去混到三更半夜、要你載她上下班吃飯、看電影讓你出錢，表白之後她還要拒絕說我不愛你，那她就是個＊子，遇到這種不用禮遇踢下車就對了。當然做人要理性，如果她是說「我想再觀察一下，不想馬上交往」，就是還有機會那就繼續約會安捏＊。

一個信念：

不管你做什麼，要保持有天約會的結局會是「我知道一個不錯的地方哦」這個信念，然後開車去內個＊好地方，至於內個＊好地方是什麼樣的好地方大家應該心知肚明不要問我了，我還想嫁人也是有所保留的啊啊啊～～～（羞）

三週後朋友約我們進行了一個感恩的飯局，當場不免問到戀愛近況如何，喇及＊完隔天是否如我們指示的去了那個好地方？（眉毛上下抖）他說沒有啊只要喇到他就心滿意足惹＊～（天哪怎麼有這種人！）問他探索完口腔有沒有進展到做一個乳房的檢查了呢？乳房自我檢查是女人每年都該做的呀！他說他不敢下手只敢在奶附近閒晃，接近又逃開接近又逃開有種近鄉情怯的情懷。身為達人團的得意門生（也是唯一的門生），這種情形不行不行不行啊！就算男方可以接受老師們也丟不起這個臉，名師出低徒叫為師的臉往哪擺是不是！於是又展開一場名為「不推倒誓不為人」的教學大會。

首先，達人團的江姊阿寶哇奔郎＊都覺得兩造如果常態性的激吻，但男生都沒有碰到女方胸部實在太沒禮貌了，女孩子應該心裡在默想是不是我的奶長得不好，像古裝劇常說殺你髒了我的劍一樣摸到我的胸部是會髒了你的手嗎！（還是我們三個太偏激？）而且如果溼吻時手沒有配合做一個檢查的動作，就是叫女方一手放在頭後面，男方手指靠攏擺平，以平壓打小圈方式對乳房做一個巡禮幫她檢查有沒有硬塊（←增加一點教育意義希望不要被投訴），這樣的話那雙手閒著要幹嘛，總不能一直把手指插入人家髮根吧，那是馬景濤在做的事而且那是給少女看的電視劇啊啊啊！成人的手不是該放在乳頭上嗎，頭前面那個字雖小但不該被忽略呀！（還是我們觀念偏差了呢？）男方表示激吻時他的手放在女生背部，此時同桌的男人終於開口，男生這麼不熱衷於同儕的戀愛問題，這時也忍不住發問了：「手放背後是在解開內衣吧，不然手放背後幹嘛？」是啊，手放在背後到底要幹嘛我真是猜不透，光

想就覺得好空虛而且不合理。有時會從嘴巴激吻到脖子，這時正常的女生應該想縮 *來了來了，他要把臉埋進胸部了苦候多時的新內衣終於派上用場柳 *～通常戀情進展到這個地步，女生應該不會冒險穿有毛球的不辣甲 *出門才是吧。

說到這，為師的有一次就是太大意，被下手的那天穿比基尼內衣出門而且是夜市買的一蘇 *一九九那種。強調一九九意思是那種劣質品罩杯極小，B罩杯以上的人去穿它應該僅能遮住乳房的三分之一吧，就是大球上有個小三角形的意思超難看搭 *。（好啦也許有男性朋友覺得這樣好看，但我不這麼認為）（重點是我球沒人家大又因為幼時沒管教它們，穿沒鋼圈的內衣時它們老是呈現一個「八」字，八字上有兩個小三角形是不是超難看！！〔崩潰〕）所以這個故事有兩個重點：

一：從少女時期就該認真管理胸部
二：戀情剛開始時內衣褲天天都要處於備戰狀態

啊離題了，回到從嘴一路激吻到脖子上（跳一下 *）。

結果這位老兄一個U-TURN又回到嘴邊，這樣不行不行不行哪，如果我是當事人肯定翻白眼，而且是翻到很裡面差不多可以看到腦漿的那種大白眼。要知道脖子只是連接嘴和奶的一座橋，就像從台北要去中和一樣，非得過個橋不可。我們可以順便欣賞一下橋上風景，但要記得最終目的地是中和，在橋上迴轉是天理不容是會吃罰單的啊（戳學生太陽穴）！

最後我們私下研判，男生不想殺去中和再繼續往下邁進的原因，有沒有可能是某方面的表現某蓋厚 *安捏 *，所以想保持神祕感久一點。但男生說原因是他覺得以前的戀情不成功，有可能是因為太早那個，所以這次想拖久一點看看愛會不會比較持久。可私以為戀情能談多久跟何時叉交 *一點關係也沒

有，身為熟女，我反而覺得對方對我們的孫體*不感興趣太傷人，那樣的戀情才危臉吧，大家覺得呢～

鄭重聲明一───

因為男生是我們的朋友，也知道他很認真不是想玩弄人家，所以一直鼓勵他沒有第二句話先把女生推倒再說。如果跟女生是朋友可能會建議她慢慢來不要太快被上手，我們就是這麼胳臂向內彎電視機前的媽媽們請不要來投訴我啊啊啊～

鄭重聲明二───

我們會勸他去那個好地方，是因為對女生的表現看在心中覺得她準備好了，不是所有的追求都是這樣的，男生們千萬不要老是想著那個好地方厚嗯厚*啊～

三個步驟的KNOW-HOW

1 盡量保持肢體接觸，比如摟肩撐傘扶腰過馬路等等。

2 美景咖啡廳或人少的戶外或車子裡面是絕佳曖昧場所。

3 偷摸女生頭髮，如果女生沒有抗拒的話。

4 喇及*不用看黃曆，親下去就對了不要等啊～

戀愛講座（11）

帶到那個好地方

 大家覺得初交往的男女朋友（絕對不能寫剛交往，啊，我寫了），第一次的那個應該在哪裡發生呢？

其實這是我朋友的難題，因為他獨居，心中的方案是找個週末跟女生說「要不要來我家做做坐坐」，先騙到家裡這樣她叫破喉嚨也不會有人來救她了（捻痣毛）。而且這招進可攻退可守，一看苗頭不對就送她回家，不用擔心把車開到薇閣門口時，女生問說為什麼要來這種地方（三歲小孩都知道為什麼啊啊啊），搞得兩人被尷尬吞沒這樣。

老實說我沒有被這樣帶到旅館的經驗，所以遇到這種情況也不知如何應對。

想想好像真的很尷尬嘿，女生就默默的被帶進去也不反抗一下這樣好嗎，起碼要嬌嗔的說你再這樣我要叫囉，表現一下東方女性矜持的美德這樣比較好吧（是的我很老派）。可是因為男方是我們的朋友，我們完全不想顧慮女生的心情，所以在座一起幫忙解決問題的人全都建議去旅館好。

旅館到底有多好在此不贅述你去了就知道，而我個人覺得第一次去旅館咔厚 * 的原因很實際，以一個女生的心情來說，第一次被帶回別人家一定東摸摸西看看，有時還不免會進行一下看照片等溫馨的行程（跟接下來會發生的事真是差好多啊）。其實兩造心中都想著待會會那個吧只是不想說破，就姑且做些看電視聽音樂或瀏覽藏書等不著邊際的事，然後越坐越近纏在一起就TWO BECOME ONE柳 * *，一路滾到房間時要是男生沒準備保 * 套（最近內政部在宣導使用保險 * 的事，還請AV女優來台縮 * 她們拍片都有用，是事

後修掉的，我才不信咧），可能最後被一把推開空遺恨，試問這是你要的結果嗎？

反之，要是男生熟稔的從床頭櫃拿出那個東西，不免又會被對方認為你準備很久了，或是質問平常都有使用這個東西的需求嗎你說你說你說清楚啊。電視機前的男性朋友你們看，這種情形怎麼做都不對，與其這樣不如帶到那個好地方去吧。

友人江姊還有一個更實際的理由：萬一那個之後基於某些因素看透了兩人根本不適合（到底是什麼因素呢），不被對方知道自己家住哪比較安全免得被潑糞灑冥紙。想想也是啦，我也不會一開始就讓男生送我到家門口，社會上變態很多不能不小行啊。

可這時色慾攻心又怕被拒絕的男孩舉手發問了：「請問想去那個好地方要怎麼開口呢？要怎麼在看完電影後準備續攤，女生問說待會要去哪裡時回答去旅館QK一下，萬一被覺得是色胚怎麼辦？」

老師覺得當色胚沒什麼不好，相信女生都能認同自己對男友有性吸引力是件好事，只要不是誰都能吸引到他就好溜＊～接下來的事比較棘手，要怎麼才能從容的說我們去旅館吧，光想到耳朵都熱了啊。最後大家幫他安排了一個行程，也獻給全天下想帶女友去好地方的男生們。

首先準備一個一整天的出遊行程，就是早上九點就出門逛逛老街或風景名勝那種，但出門前先不要告訴女方目的地，當女生問縮＊今天要去哪啊，就說帶妳去個好地方呀，然後兩人牽手逛個過癮。有開車的男生不妨多跑幾個點，比如金山一日遊有山有海有老街，可以打發多一點時間，逛到出汗逛到黏膩為佳。玩到傍晚能回家嗎？當然不能了啊！經過一整天快樂的出遊相信兩造之間感情不熟的也會升溫至於夠熟的就沸騰了吧，這美好的摸們＊不容錯過，請頭也不回的直接把車開去那個好地方吧。當女生問說接下來要去哪啊，就說再妳帶去個好地方呀，然後直直駛進MOTEL不就不尷尬的達陣了

嗎～

我們把這個錦囊和滿心的祝福交給朋友，希望他能順利HE囉*到，果然當週就傳來捷報，可見這招是有用的，今天就在此分享給大家吧。

營造美好第一次的KNOW-HOW（男生版）

1　保持心平氣和，過於激動容易導致太快的下場嗯湯啊嗯湯*。

2　最好是過個夜不要馬上走，否則感覺很糟。

3　不要比她先睡著。

4　隔天還是要聯絡哦～（叮嚀）

嗯哪頂阮 嘛頂恁

知道他昨天前天又頂了誰嗎
請拒絕不安全的性行為

當個不老騎士

長期抽菸容易造成性功能障礙
戒掉香菸讓你活到老騎到老

後記

有天在書店等朋友，因為他遲到太久我逛無可逛，一時興起想找找自己的書放在哪兒。我從華文文學開始找結果找不到，於是改去心理勵志、自我成長，然後一路找到兩性關係都不見胯下界日記的芳蹤，最後無恥的想該不會是在暢銷區吧，結果當然是某摳零*啊～我想書店已經沒有我的容身處，是時候再出一本了。

第二本書能誕生要感謝很多人，謝謝出版社包容我無止盡的拖稿。謝謝親朋好友們被我一而再再而三的出賣後，還肯把祕密告訴我。謝謝師姊彎彎這麼會賺錢，讓自轉星球無斷糧之憂，所以有膽子繼續出版垃圾書。謝謝DORIS在我趕稿趕到覺得生無可戀的時候，幫我下標買衣服讓我又活了起來。謝謝攝影大師敏佳把我當林志玲來拍，謝謝設計師王小白不嫌棄的再度接手一本垃圾書。特別要謝謝孫大偉老師，因為您的推廣讓我能打入政商名流界（有嗎），只要想到趙少康先生和陳文茜女士曾經擁有我的書（不管他們有沒有看它一眼），我就覺得不枉此生了。謝謝大師，我想您在天上一定也過得很屌很精采。

要謝的人還有好多，當然最感謝的還是讀者們，謝謝你們不棄嫌的看到最後一頁。江湖傳言只看不買會禿頭，所以請一定要把書帶去結帳，我和我的房貸一起謝謝各位大德（跪）。

幾年前我只是個渾噩的路人，寫作方面沒什麼專長，沒想到竟然好運的出了一本書，很多人應該以為我跟出版社長黃俊隆有一腿吧，不然草包怎麼可能

出書呢？現在出了第二本，應該可以證明這是天命是實力了（吧）。

窩的馬呀＊拎北＊竟然不是一書作家，這在文盲界不是件很振奮的事嗎！

附錄一：假掰*省錢法

1 | 幹走公用衛生紙

只要是公廁九成九有衛生紙，沒意外的話通常藏身於標示著工具間那個門內，準備幹一票的那天記得帶一個大包包，趁沒人注意之際很不小心的走錯間，不消一泡尿的時間，公廁衛生紙就是你的囊中物了！去KTV電影院保齡球館甚至厚德路縱情享樂之餘也別忘了，可以幹走的千萬別跟它客氣。根據可靠消息指出好叉迪的抽屜打開肯定會有垃圾袋一捲，古有明訓對敵人仁慈就是對自己殘忍，現在不是心軟的時陣*，整捲打包帶回家，一個也不要留下！

註：聽說拿走公用衛生紙會犯法，還是幹走錢櫃的就好了。

2 | 睡吧我的愛

曾經有學生實驗過證明，電腦閒置二十分鐘，讓它自動進入休眠狀態可以省電97.5％，平均一個月可省下四百二十元電費、一年荷包多了五千零四十、十年就可以換得一台歐兜賣*！！那要如何讓它眠呢？首先，進入電腦系統裡的「控制台」→再進入裡面的「電源選項」→最後進入「電源配置」將關閉監視器的時間設定成五分鐘，接著將系統待命的時間設定成十分鐘，再將關閉硬碟的時間設定成十五分鐘，最後再將系統休眠的時間設定成二十分鐘，如此這般設下企*，十年後就有新車柳*，小動作大省錢，還等什麼？快去設吧！

3 | 省水小撇步＊

水槽下的水管拿開下面放個水桶，舉凡洗臉刷牙洗手洗菜的水通通接起來沖馬桶，這樣一來馬桶開關變成形同虛設的裝飾品，連放寶特瓶都免了。不過提醒大家，剉賽＊時還是按開關沖一下吧，不然馬桶上老漂著一些屎渣看久了人生都倒楣起來，朋友可能也因此抗拒來你家玩，無形中減少了友人帶啤酒和零食來拜訪的機會，連人人都需要的友情都變淡了嗯湯啊嗯湯＊。

---

4 | 卡打掐＊是王道

騎腳踏車不但能減碳，還能省下交通費，更是現在最夯的活動之一。除了走遍大江南北靠你雙腿外，還有什麼交通工具比腳踏車更省呢？買台卡打掐＊踩出歡樂踩出愛吧～運氣好的話還能踩出緊實好身材！新店張先生表示，自從改騎腳踏車上班後，不但身體好精神好，本來鬆散如布丁的卡稱＊都精壯了起來，不過美國一項研究指出，自行車的座椅太窄或太硬，常騎恐怕會造成暫時性勃起不能，為了下半輩子的幸福選個舒適的軟座墊吧～

---

5 | 珍惜（公用）水資源

收集幾個一千C.C.的寶特瓶洗乾淨，有空時到公園散步順便把它裝個滿滿滿，帶回家無論洗手洗腳洗屁股都很方便，不怕冷的正港男子漢還可以拿來洗澡，如此一來勢必能大大減少水費支出。再者，提著幾瓶水回家還可順便鍛鍊手臂肌肉，假以時日久違的小老鼠也會重新投入您的懷抱。有餘力的話，公園飲水機的飲用水也可以醬＊帶回家，要不帶個瓶子去公司幹走公司的水也是不錯的選擇，寶特瓶除了用來敲擊別人的後腦勺外，終於有了比較正面的功用。

6 | Together Forever

如果你是和愛人一起住的話，不妨告訴達令來個新生活狂省大作戰。除了大家休揪*去棒溜*一起沖水比較省外，一起洗澡也是省水必殺絕招，一個人搓肥皂時另一個人沖水，如此一來水龍頭不用開開關關也不會浪費水，對於增進感情更有妙不可言的功效。既然都走到這一步，建議您不妨來個套裝行程：十點一到準時開砲，可省下電視電腦電燈等電費開銷，打完一起洗個澡在床上開個檢討會期待下次會更好，會議結束再一起睡覺，每天來一回包你忙到連第四台網路都不用裝了，為了落實省字訣，這些體力上的辛勞都是很值得的啊！（煙）

7 | 手機省錢法

根據調查，走到哪講到哪的手機是現代人每月固定的一大筆開銷，沒必要的話盡量不要打吧，非講不可的話用簡訊省得多，起碼不會一不小心聊到一個天荒地老。真的嘴巴很癢非講不可怎麼辦？教大家一個江湖賤招：打手機給朋友，響兩聲就掛掉讓對方以為自己漏接回打過來，如果久了被朋友發現這個詭計的話，就先講十五秒再掛掉，賭賭看對方會不會心癢央*打過來。人生就是一場賭局，不梭下企*怎麼知道結果呢？

8 | 老闆包起來

人在江湖走跳*總會遇到一些不可避免的應酬，想要省錢不參加，推久了失去朋友結婚時淒涼的收不到紅包，這真是人世間最悲情的代誌*啊……為了維持友情，人人都需要的友情，有什麼飯局就咬牙去一下吧！不過記得建議大家去吃合菜，團結就是力量菜可以多點一些，吃剩的千萬不要忘了打包帶走當成明天後天大後天的伙食，如果同桌有別人也想打包的話，記得手要快些，不然就先搶鹹一點有魯汁的可以多吃幾餐。切記，同情敵人就是對自己

殘忍，在省錢的道路上不是你死就是我亡！

9 | 共乘無限好

開車的朋友們不妨揪*一下住附近或順路的同事們，大家輪流開車上下班，除了省錢還可以聊同事閒話講老闆是非摸蛤兼洗褲*，早晨的通車會變得格外有意義，讓人天天帶著一顆慈濟的歡喜心上班。如果真的在附近找不到同盟的話可以上共乘網（www.carpool.com.tw）輸入路線找找看有沒有同伴，運氣好的話還能在車陣（不是震哦）中展開一段以共乘為前題的交往。不過，命中注定的邂逅雖美，卻會造成很難跟對方開口收錢的遺憾，孰輕孰重還請施主自己好好想清楚啊。

10 | 我就是教你詐

人在家中坐，蟑螂難免會從天上來，遇到小強除了吼伊細*外，記得拔下牠們的腿好好收著以備不時之需。第三排的同學這時舉手問道：「老師，人類在什麼狀況下會需要用到蟑螂腿呢？」真是太沒慧根了，就是到餐廳吃飯時，吃到一半偷偷丟到菜裡黏到牛排上啊！這時把餐廳經理叫來，委婉的告訴他菜裡有不速之客，有羞恥心的店家都會給你一些意外的折扣，要不換一道新菜要不免費招待，花同樣的錢有雙倍的享受，真是人生中最暢爽的事啊！不過記得這招非常下流務必謹慎使用，別在同家餐廳用兩次，哪天您的玉照被貼在門口還寫上此人與狗不得入內就糗大柳*。

11 | 贈品一次拿個夠

遇到一些發送贈品的場合千萬不要客氣能拿的盡量拿，不管是面紙試吃品保養品，放下自尊心多拿一些才是今日我最省的好青年。發放贈品的通常都是工讀生，被你多拿幾包他還樂得輕鬆何樂而不為？千萬不要小看這些贈品，

正所謂聚沙能成塔團結力量大，拿小小的面紙來說，多抓一把可以匯集成很大一疊，如此一來連家用衛生紙開銷都可以省下來，此計真是妙哉妙哉啊～（撫鬚）

12 | 我愛許願池

省錢之餘千萬別忘了娛樂，適度的出遊親近大自然不但可以讓人忘卻身心的疲憊，對於增加工作效率改善生活品質更有妙不可言的功效。找個假日去郊外走走吧～遊覽一下風景名勝，方便的話趁四下無人之際偷偷撈起許願池的銅板，好幾天的公車錢就到手了。啊嗯勾＊這是個險招，帶個夥伴把風比較好。一起向藍天綠地許願池出發吧！

13 | 生是公司人死是公司鬼

六點半打卡下班？有沒有搞錯！當然是留在公司吹冷氣上網看電視，屎尿多的人還可以不停跑廁所，把本日大小便的扣打＊用光光再回家。水電洗手乳一丁點也別浪費，能用就用客氣就太見外惹＊，公司有廚房的索性直接煮晚餐連瓦斯都省了！

14 | 視保存期限如糞土

根據可靠消息指出，便利店的過期便當並不會由公司統一回收，而是各店自行處理，可能銷毀或許自己吃了或是落入小黃來福口中，反正沒人會管那些便當的下落。所以請用生命去跟街頭巷尾便利店的店長搏感情吧，如此一來就有源源不絕的過期便當可以吃了，而且種類繁多有麵有飯有手捲，每天還可以變換口味。至於過期的便當吃了會不會安抓＊？人窮命賤就算烙賽＊牙一咬就去了，明天又是一條好漢子！

15 | 白吃白喝笑呵呵

挑個好日子打扮成妖嬌模樣，不是叫你去陪人客搖來搖去，是找個飯店大搖大擺走進宴會廳，看看哪家喜宴門禁比較不森嚴的就走進去白吃一頓吧！記得時間不要太早也切忌太晚，醬*都很引人注目，既然是假朋友我們也不要太高調，一個人去就好，在門口出現時比較方便營造「我是去找人」的氛圍。進去後先不要坐定位，東搖一會兒西晃一下看看相簿夠種的話還可以去找長輩聊一下心事，等上菜後再坐下來默默吃一頓。如果你今天剛好忘記恥字怎麼寫，索性一不做二不休，要個袋子打包剩菜回家吧。

---

16 | 全身過季品你最IN

承認時尚與你無緣並不可恥，橫豎你也不知道恥字怎麼寫吧。過季商品清倉的時候別手軟，夏天穿高領毛衣戴手套穿毛襪、冬天穿吊嘎啊*夏威夷褲夾腳拖，才是正港的潮人。每天下午跑超市等候即將過期的商品賤賣，再兩個小時就過期的雪花油亮均勻和牛肉或一轉眼就要發臭的大龍蝦都是可遇不可求的極品極品啊。

---

17 | 嗆聲吃到飽

舉凡主權爭議、選舉遊街、罷工抗議等，綁條頭巾出發去吃遊行便當吧熱血青年。雖然菜色不優，但吃個兩頓還能拎些礦泉水很划算。如果覺得過意不去，拿起空便當盒往鎮暴警察附近丟把場子炒熱算是盡點道義責任，千萬不要丟太準不然你ㄟ害*。記得不用太入戲，演到絕食靜坐橋段時，請高傲的甩頭快步離開。記住：情操雖然很重要，但我們只是去騙便當的。

---

18 | 死馬變活馬

堪用的東西就要重複使用，筆水用完了把筆身留下來，筆水斷水了把筆身留

下來，筆身不見了把筆蓋留下來（喂）。筆蓋筆身都不見了，就從公司幹回來。務必在日常生活中徹底實踐再利用的美德，看過的報章雜誌拿來墊便當，用爛的牙刷拿來刷地板馬桶，看過的A光掛在卡打招*後面警告來車也是美賣*。

19 | 活動王非我莫屬

大門不出二門不邁，時時省水省電甚至差點站上陽台催眠自己可以行光合作用吃陽光長大，這種生活真不是人過的啊。別慌別慌，沒事在公司上網，逢抽獎問卷必填，有活動就參加，散彈式的攻擊總是有機會中個幾回。如果發現獎項包括極品好物例如天山雪蓮之類的，一定要想盡辦法借用所有親朋好友的名字甚至早就回蘇州賣鴨蛋的阿祖都不可放過！抽獎嘛～有填有保佑多填也不會少塊肉。

20 | 改變生活態度

省錢往往是生活態度的改變，隨手關燈、洗臉不開水龍頭、垃圾袋重複使用還不夠，沒事串串門子無恥的喊PLAY ONE妙用無窮。面紙借一下、擋根菸抽抽、來個口香糖喉糖，這幾個小動作不僅能促進同事朋友間的感情，無形中也省了不少錢。此外，改掉一天一瓶飲料的習慣吧，不僅省錢也有減肥的功效。透過每日記帳來檢視自己的開銷，尋找適當替代品改變習慣，一天省下五十元，累積一年就可以出國旅遊樂活樂活……你傻啦？！這是典型的省小錢花大錢陋習，戒之慎之！

附錄二：女性安全駕車指南

1 | 不要當自己是女人

開車可不比邊看電視邊塗指甲油，塗到一半還可以接電話，妳操作的是超過上千公斤的移動鐵塊，一個閃神就會付出車禍的慘痛代價。妳在家裡可能是溫室小花朵，妳在公司可能是女王，大家都得讓妳三分，但在馬路這個野蠻的世界，沒人會吃妳這套，大家眼裡只有交通標誌和條子。記住：駕駛座只有妳一個人，捅了簍子，別期望有白馬王子冒出來替妳擦屁股。

2 | 不要回頭看大拍賣招牌

台灣市區內速限四十公里，所以當妳發現有特價！！一回頭，二看清楚什麼牌子，三弄懂下幾折，三秒鐘內妳已經往前衝了三十三公尺！這不看路的三秒鐘，三十三公尺內很可能已經生靈塗炭，天怒人怨。所以記得不管是下五折、單一特價或是結束代理專櫃出清，千萬不要回頭，寧可前方右轉再右轉繞一圈再回來停車好好看清楚，免得治裝費便成鈑金烤漆費，化妝品預算變成醫藥保險額度。

3 | 不要管衣服鬆開的扣子

不管妳剛從哪裡開車出來，開心的厚德路或是百貨專櫃的試衣間，早上趕上班或是深夜摸回家，總之發現襯衫少幾顆扣子或是馬甲沒綁不辣甲＊沒扣時千萬不要邊開邊自行摸索，這是很危險的！萬一小貓竄出或是白目機車亂切

車道，只用一手扶方向盤是反應不過來的，此時應該一、請鄰座乘客幫妳摸索，二、停下車來再自己摸索，三、停下車來請鄰座乘客好好幫妳摸索。

4 | 握方向盤要像握小鳥一樣

開車最重要的是心情平靜頭腦清晰，方向盤不是救生圈，妳也不是要跳海，放鬆情緒一步步來吧！如果發現自己緊握著方向盤，那妳很可能已經全身緊繃視野縮窄腦海一片雜念了。這樣開車是很不健康的，不論是對自己或路人。建議握方向盤要像握小鳥一樣，只要帶著感情，它就會聽妳的。放心，沒聽過方向盤會吐口水的。

5 | 開車前不要吃雞排

雖然雞排很好吃，不論是胡椒鹽口味或是大蒜九層塔系列，甚至是令男性髮指的甘梅粉調味風格，潛藏的危機除了隔天爆痘和下腹肥胖，還有不為人知的手指滑膩後遺症！炸油透過紙袋塑膠袋沾上妳的玉指，除了讓方向盤間接成為滑膩的泥鰍，還得分神回頭拿面紙東擦西擦，真是太危險了。以此類推，西式甜甜圈日式豆皮壽司台式燒餅油條通通是妳的敵人，記得洗好手再上車。

6 | 不要忽略生理期對開車的影響

生理期前中後的身心變化所引起的不舒服和心情不乾爽很可能會對開車造成影響，所以當妳經歷這段週期，記得開車小心，準備周全，多給自己一些休息的空檔。

7 | 不要管其他用路人的訐譙

車輛行進中，不論隔壁車道車子降下窗戶對妳吼什麼，不要怕，不要理他。

因為他不是成龍，無法跳到妳車上；如果是成龍，更不敢跳到妳車上。不論妳幹了什麼好事，反正被訐譙又不會傷烤漆，更不損傷妳的髮質，所以不要管他。誰開車沒當過菜鳥呢？誰開車沒被訐譙過呢？不過訐譙內容還是要聽一下，可以做為下次改進的經驗，說不定他是在告訴妳後車廂沒關。

8│不要理會鄰座男性乘客的開車評論

有些人對開車有種特別的天分，就叫做開得一嘴好車。如果不幸搭載到這種人，為圖耳根清靜，可以轉開收音機到政論節目轉移他們的注意力，讓他們有所發揮，從批評妳開車改成批評時政，救國救民。如果這招也沒用，那再免費提供一句實用口訣：「幹，不然你來開！」

9│不要不信邪

不管妳多愛看恐怖片，現實生活中還是不好太夢幻。當大家說某某路段很陰很古怪，妳就不要鐵齒，小小繞路一下花不了多少時間和汽油。雖然我們可以用量化數據和行為學分析破解為何該路段常出事，但更現實的是，直到那個路段的交通號誌、燈光、動線等相關設備更完善之前，建議妳還是不要賭機率，免得自己也成為統計數字之一。

10│不要管乘客想聽什麼音樂

當妳手握方向盤，就是這艘星際戰艦的船長，就是這個宇宙的主宰。妳是王者，其他人都是妳的子民。「幫我拿一張面紙。」「幫我拿我包包。」「幫我接一下電話。」妳越有自信，車子就開得越順，自然也就更容易累積駕駛經驗，這是良性的循環。所以妳想聽什麼音樂就聽，不要管乘客嘴碎龜毛，不然，「你下車啊。」

11 | 不要怕被超車

馬路上的車流瞬息萬變，每個人都從自己的角度觀察狀況，估計前後左右鄰車的可能動向，並且挑選最適合自己的行車動線。沒有人能當永遠的第一，於是乎懂得被超車就成了一門學問，保持穩定的速度，煞車踏板隨時預備，他趕時間就讓他趕吧，誰沒有趕過截稿呢？如果他是從右側超車，又沒留給妳相當的預備空間和時間反應，不要忘記問候他祖宗十八代。

12 | 不要隨便緊急煞車

路上狀況多，一會飛砂走石，一會小貓小狗，妳一被嚇到當然不免煞車踩到底。可是把煞車踩死真的弊多於利，除了車內物品亂滾之外，萬一輪胎打滑妳方向盤又亂轉，可就是連車神也救不回來，只有老天知道妳會SPIN到哪去。應該做的是進入情況複雜的道路時就降低速度，保持警戒。好比在大賣場推推車購物，如果妳突然想到該買洗髮精就停車，後面的人妻太太歐巴桑不撞妳都對不起自己。

13 | 不要跨線行駛

這一點不用說，不要佔著茅坑不拉屎，何況還一次佔兩個。這個症狀好發於邊講電話或邊找路的妳，這一點實在很糟。為什麼妳們對男人劈腿這麼在意，對於跨線行駛卻這麼無所謂呢？妳知道這種行為有多令人肚爛*嗎？台灣的競爭力就是醬*子下降的！完全是因為跨線行駛縮減了車道，阻礙了交通，影響了經濟的發展！！想清楚自己要去哪裡，變換車道要乾淨俐落，否則就保持在同一個車道直直開下去，地球是圓的，總有一天會到目的地的！

14 | 倒車時不要聽音樂

妳知道台灣車輛密度是世界第一嗎？妳知道敢在台北開車，妳的膽識和能力

就是國際駕照了嗎？因此不管妳在停車場或路邊，倒車時最好關掉音樂，仔細觀察周遭環境，不然妳連撞倒機車、花盆、招牌或是開上人行道都不知道。尤其是停車，專心快狠準地倒車停進去，免得被沒水準的爛車從後方插入。到時候妳要不是A到他，要不就是一頭悶的重找車位，豈不是打壞興致了嗎？

15 | 常開快車容易老

開快車的妳處於類興奮狀態，因為需要集中注意力，所以心跳加速，以便供應腦部較多的氧氣。F1賽車手比完一場平均會輕兩公斤，就是因為大量消耗熱量和水分。妳以為這樣可以減到肥嗎？錯，隨著新陳代謝加快，妳的皮膚更容易老化，跟稍微遲到相比，妳會選擇哪一種？開快車趕時間這種勞心勞力的事，還是交給計程車司機吧。

16 | 在車裡放一件大號衣服

這件衣服可以中性一點，大號一點，跟哥哥爸爸男友討一件不要的更好。擺在車上不但冷時可穿，穿迷你裙時可以蓋腿，下雨天可以擋雨，也可以遮掩偶爾發懶不想提出車子的筆記電腦或其他財物。更重要的是中性的設計可以迷惑小偷匪徒的判斷力，以為是男性車主或至少有男性同車，減少成為社會新聞主角的機率。如果想對路邊流浪狗急難救助一下，這件衣物更是拿去沾泥水的不二選擇喔。

17 | 在車裡放一個水桶

這可不是腦筋急轉彎，而是開車智慧王！大賣場的鮮豔色系水桶擺在車上具有許多意想不到的妙用，比如買了湯湯水水的宵夜怕打翻，放在桶裡就不怕了；夏天去游泳的濕泳衣再也不用放塑膠袋，直接丟進去提走輕鬆自在；萬

一車輛故障，妳卻緊張得連三角反光板也組不起來，水桶提過去放著就很強了。甚至可以盛裝妳的花材或是紙黏土作品或是從點心教室學來剛烤好的甜點；如果車上載著不該被認出的男人，可以把水桶套在他頭上。

18 | 多打幾副鑰匙

養車雖然貴，但打一套鑰匙沒有多少錢，這點小錢不要省，卻可以節省許多焦頭爛額的耍白爛時間。家裏、公司、男友家、爸媽家、身上各放一套，只要記得跟住家鑰匙分開，基本上OK的。鑰匙圈最好低調又簡單，鎖店送的免費鐵圈最妙，如此一來就算掉了，也引不起小偷的歪腦筋。把預算放在內衣，絕對比放在名牌鑰匙圈有意義。

19 | 不要穿著束腹開車

束腹也許有辦法抑制小腹坐大並幫妳找回遺失已久的腰，但也同樣會讓妳有胸口鬱結呼吸不順反胃頭昏等小毛病，身體上的不舒適往往會讓人產生暴躁的情緒，小則喪失判斷力，大則可能不爽到想跟行道樹同歸於盡。脫下束腹吧！有了方向盤的掩護，妳的三層肉不會被人看去，讓小腹呼吸自由的空氣，身體反應也會更加靈敏。當妳發現小腹頂到方向盤時，就改成跑步上班吧！

20 | 不要穿高跟鞋開車

穿高跟鞋可以讓妳身材比例更加完美，走起路來搖曳生姿，可那細細的鞋跟會讓妳的腳跟無法穩穩著地，踩油門或煞車必須更加費力甚至容易抽筋，甚至導致鞋跟斷在駕駛座！親愛的，請在車上準備一雙柔軟好穿的平底鞋，讓雙腳在最自然舒適的狀態下駕駛，美麗的細跟高跟鞋約會時再穿吧。趁紅燈時順便磨腳皮，也算是善用時間。

21 │ 不要過分使用空調

冬冷夏熱車外空氣又糟，所以很多女性一上車就先開空調，但長期處於空調環境會讓嬌嫩的肌膚流失水分暗沉甚至長黑斑，加上空氣不流通會使人精神渙散昏昏欲睡，浪費能源又不環保。所以空氣好時就享受自然風吧！如果車上有人抽菸，把冷氣切換成送風，並把車上窗戶開對角，空氣對流菸味自然會飄出去唷。（屁味也是一樣）

22 │ 不要在車站旁的商店買土產

雖然人來人往產品齊全，但通常不是最超值的商品，而且停車困難，無法放心評估挑選。所以還是建議善用媒體報導的名店，起碼物有所值，不容易買了才後悔，品質絕對OK。既然開車出門旅遊，就好好多繞一繞，說不定會發現意外的驚喜，例如房間坪數特大的精品MOTEL，消費比都會區便宜不少喔。

23 │ 不要小看車內空間魔力

由於車內空間小，加上與外界阻隔，自成一方天地。要空調有空調，要音樂有音樂，要面紙有面紙，所以辦很多事都方便。半熟情侶們可以利用這樣的私密空間加溫情感，怨偶們也可以利用這個客觀場域釐清彼此關係。文藝一點說，在車上我們都是另一個自己，這也是為什麼男性喜歡開車泡妞的原因，車子是他的移動城堡，而他是國王。妳當然也可以——車子是妳房間的延伸，是妳想像的後花園，是妳內心的迷宮，妳可以邀請他進來，好好疼他，當然也可以轟他出去。

24 │ 不要忘記五油三水

五油：引擎機油、A/T油（自排油）、煞車油、方向機動力油、齒輪油。 三

水：引擎冷卻水、雨刷水、電瓶水。

不要駕照一考到就什麼都忘掉，就算是妳自己的手機也會隨時檢查有無刮痕或是按鍵是否靈光，所以行車前的基本檢查也很重要，燈光雨刷煞車門鎖胎壓電動窗等等，花個三分鐘看一圈，說不定可以護妳一生，免得乘興出門敗興而歸，美好的旅程和時光就在等拖吊和修車廠之間度過了。

25 ｜ 不要忘記鎖中控

電鋸殺人狂或是恐怖旅舍等電影除了噁爛到讓人吃不下飯，還教了我們一件事：後座極有可能冒出人來嚇得妳屁滾尿流。總之預防勝於治療，與其準備傢伙與之搏鬥，不如養成隨時鎖門的習慣；無論妳在車上或只是下車買個東西，一定要鎖好中控別讓人有機會爬上妳的車。車床族更要注意，以免有天成為奇怪光碟的主角啊。

26 ｜ 不要讓前座乘客睡大覺

也許你們剛從週年慶的百貨公司殺紅了眼走出來身心疲憊，也許你們剛從陽明山第二停車場扔掉衛生紙開出來精氣神全失，不論如何都要記住，千萬別讓副座乘客睡著。瞌睡是會傳染的，一旦旁邊的人睡去，妳的眼皮也會漸漸沉重。副座乘客的功能除了報路還要負責娛樂駕駛，讓駕駛保持警醒狀態。萬一他睡著了怎麼辦？水晶指甲戳眼或是高跟鞋敲擊後腦都是不錯的選擇。

27 ｜ 不要忽略後方死角的機車

機車騎士真的很機車，也不管妳方向燈打了多久照樣愛跟在車屁股鑽啊鑽，為了避免妳一飄移甩尾就哀鴻遍野，轉彎前一定要看後視鏡確認左右後方都沒機車才能轉。很多女性駕駛常忽略後視鏡的重要性，其實學會看後視鏡才算真的會開車，不然連被狗仔、徵信或壞蛋跟車都不知道！

28 | 不要開太慢

雖然說十次車禍九次快，然而老是當路隊長也不行。上路前先想清楚妳的路線，然後隨路況微調。觀察大家的車速，在不超速的情況下，能快就快，免得累積太多背後的怨念，還被惡意超車反而嚇到自己。開車就開車，不要邊開邊想事情，慢不一定安全。

---

29 | 不要彎腰駝背開車

女性往往因為緊張或試圖看清楚車頭在哪等因素，習慣身體前傾抱著方向盤開車，其實坐後面一些左右死角會更少視野反而更寬廣。靠著椅背也能防止彎腰駝背的不良姿勢，開起車來不但更輕鬆，別人也會覺得妳是自信又有魅力的女性駕駛，更重要的是方便隔壁車主目測妳的胸部大小，讓用路人精神更好增添公路情趣。妳不只是優良駕駛，更是模範公民！

---

30 | 不要盡信綠燈

馬路上不遵守交通規則的白目很多，只要沒照相沒交警，闖紅燈的瘋子二十四小時都潛伏在台灣的街道上，所以即使是綠燈還是要看清楚再走。否則一旦來個交通事故，即使錯不在妳，光是在路中央等警察畫粉筆就夠煩的了，再加上保險談賠償還真是勞民傷財舟車勞頓，預防勝於治療，遠小人保平安。

這篇文章是與某前男友合作的夫寫婦隨合體代表作，特別感謝那個誰，
如果你想追討版稅的話請打電話給我（或是解除對我MSN的封鎖），不然也可以打到自轉星球出版社。
再次謝謝你，祝你前程似錦樂透中大獎～

附錄三：羞昂辭彙大全

一劃　ㄟ：台語發音，1. 的；2. 表示疑惑或驚訝的語助詞。

　　　　L‧O‧威‧E：LOVE。

　　　　一毛一樣：「一模一樣」的變音。

　　　　一世人：台語發音，一輩子。

　　　　ㄟ害：台語發音，會完蛋。

　　　　ㄟ溫：台語發音，可以。

二劃　ㄅㄤㄅㄤ：台語發音，鬆鬆的。

　　　　乃口：台語發音，內褲。

　　　　人蔘：「人生」的變音。

三劃　KT威：「KTV」的變音。

　　　　HE囉：台語發音，那個。

　　　　口欠：吹。

　　　　叉毛：體毛。

　　　　叉心蕩漾：春心蕩漾。

　　　　叉交：性交。

　　　　叉處：私處。

| 四劃 | 手刀：手掌攤開、四指併攏，呈現刀狀，常用來形容快速奔跑。 |

手刀：手掌攤開、四指併攏，呈現刀狀，常用來形容快速奔跑。

月工：肛門。

勾勾ㄟ：台語發音，濃稠。

歹丸郎：台語發音，台灣人。

勾勾纏：台語發音，糾纏。

中出：日文漢字，「中」指女生的叉處，「出」就是射出來的意思。

巴豆夭：台語發音，肚子餓。

巴底：英文「BODY」之意，身體。

五佳尼吼康ㄟ歹擠：台語發音，有這麼好的事情。

內個：「那個」的變音。

不得鳥：「不得了」的變音。

夭壽：台語發音，1. 原意是「短命」，
引申為感嘆，相當於「我的天啊」；2. 可惡。

不辣甲：台語發音，胸罩。

五摳零：台語發音，有可能。

歹擠：台語發音，事情。

歹擠就大條了：台語發音，情況就嚴重了。

| 五劃 | 甘五摳零：台語發音，有可能嗎。 |

甘五摳零：台語發音，有可能嗎。

平平：台語發音，一樣。

卡打掐：台語發音，腳踏車。

甘美賽：台語發音，不行嗎。

本孫：「本身」的變音。

甘厚：台語發音，好嗎。

立馬：「立刻馬上」的縮寫。

可素：「可是」的變音。

北盈哩：台語發音，不行。

卡稱：台語發音，屁股。

代誌：台語發音，事情。

瓦靠：台語發音，外面。

六劃　　伊ㄟ：台語發音，他的。

伊尢：台語發音，他先生。

死八賴：英文「SPOTLIGHT」之意，聚光燈。

老木：台語發音，老母。

老北：台語發音，老爸。

扣打：英文「QUOTA」之意，額度。

灰朽厝：台語發音，房子起火。

安抓：台語發音，怎樣。

丟係：台語發音，就是。

地荒：「地方」的變音。

安捏：台語發音，這樣。

灰常：「非常」的變音。

休揪：台語發音，互約。

休誇：台語發音，有一點。

企跨賣：台語發音，試試看。

吊嘎啊：台語發音，背心式汗衫。

伊擠肛：台語發音，那一天。

七劃 尬：台語發音，比賽。

那ㄟ安捏：台語發音，怎麼會這樣。

吼伊細：台語發音，讓他死。

估狗：英文「GOOGLE」之意，搜尋引擎。

忘拔蛋：「王八蛋」的變音。

坎站：台語發音，關卡。

吼哩：台語發音，讓你。

男倫：「男人」的變音。

見笑：台語發音，丟臉。

見笑轉生氣：台語發音，惱羞成怒。

利嗹：俐落。

走跳：台語發音，閒晃，闖盪。

肖想：台語發音，妄想。

赤激：「刺激」的變音。

沒辦划：「沒辦法」的變音。

肚爛：台語發音，生氣、不滿的情緒。

八劃 咔：台語發音，比較。

糾干單ㄟ：台語發音，很簡單。

拎北：台語發音，直譯為「你爸爸」，常用來自稱。

花生：「發生」的變音。

妹有：「沒有」的變音。

到盯：台語發音，一起。

些抖：台語發音，做造型。

阿豆仔：台語發音，外國人。

呷奔：台語發音，吃飯。

直直桶：台語發音，一直向前。

厚：台語發音，比較好。

花現：「發現」的變音。

糾竟：「究竟」的變音。

姊接：「姊姊」的變音。

阿寄：台語發音，姊姊。

彼當時：台語發音，那個時候。

阿魯巴：廣泛流行於男生之間的遊戲，眾人抬起一名被害者，
強制打開雙腿，以下體磨蹭硬物。

到撒缸：台語發音，幫忙。

呷賽：台語發音，吃屎。

九劃　　柳：台語發音，加強語氣的語末助詞。

哇ㄟ：台語發音，我的。

咩安抓：台語發音，怎麼辦。

美見小：台語發音，不要臉。

歪果忍：「外國人」的變音。

哇奔郎：台語發音，我本人。

某花兜：台語發音，沒辦法。

哇拷：台語發音，表示驚訝讚賞感嘆等意思的發語詞。

促咪：台語發音，有趣。

係厚：台語發音，去死好了。

某厚：台語發音，不好。

美送：不開心，台語發音。

英格裡許：英文「ENGLISH」之意。

哇唄棒賽：台語發音，我要大便。

哇馬嗯栽：台語發音，我也不知道。

某菜：台語發音，浪費。

洗幾雷：台語發音，是一個。

厚嗯厚：台語發音，好不好。

俗辣：台語發音，孬種。

某蓋厚：台語發音，不太好。

某摳零ㄟ歹擠：台語發音，不可能的事情。

美賣：台語發音，不錯。

洗瞎密：台語發音，是什麼。

剉賽：台語發音，拉肚子。

十劃　素：「是」的變音。

　　　　捏：「呢」的變音。

　　　　烙：台語發音，說、展現。

　　　　凍：台語發音，撐。

　　　　衰八：倒楣。

　　　　衰小：倒楣。

　　　　晃心：「放心」的變音。

　　　　哩勾共幾拜：台語發音，你再說一次。

　　　　凍北條：台語發音，忍不住。

　　　　閃尿：台語發音，尿失禁。

　　　　起肚爛：台語發音，生氣。

凍咔固：台語發音，持續得比較久。

扇班：「上班」的變音。

時陣：台語發音，時刻、時候。

孫氣：「生氣」的變音。

素喜：台語發音，舒服。

拿模：「那麼」的變音。

症頭：台語發音，毛病、症狀。

烙賽：台語發音，拉肚子。

孫體：「身體」的變音。

十一劃　粗乃：「出來」的變音。

殺小：台語發音，什麼東西。

清此：「清楚」的變音。

蛇來蛇去：台語發音，繞來繞去。

唱衰：台語發音，不看好。

假掰：台語發音，做作。

啊嗯勾：台語發音，然而、可是。

啊嗯抖：台語發音，常用於句首表示嘲諷之意。

涮嘴：台語發音，順口。

唬爛：台語發音，隨口亂說、騙人。

十二劃　蛤：台語發音，1. 疑問詞「什麼」；2. 加強語氣的語末助詞。

揪：台語發音，邀約。

無了時：台語發音，無止盡。

痣己：「自己」的變音。

登大人：台語發音，長大成人。

喇及：台語發音，接吻。

黃先：「黃先生」的簡稱。

著床：精子與卵子於輸卵管內結合後，

　　　受精卵附著於子宮壁的過程。

散形：台語發音，散漫。

散赤人：台語發音，窮人。

創治：台語發音，捉弄。

掰敗：台語發音，不好。

喜番：「喜歡」的變音。

酥湖：「舒服」的變音。

登楞：狀聲詞，通常表示驚訝。

棒溜：台語發音，小解。

稀微：台語發音，心裡一股微微、淡淡的惆悵感。

開落去：台語發音，花錢。

貴鬆鬆：台語發音，很貴。

十三劃　惹：「了」的變音。

　　　　傳：台語發音，準備、張羅。

　　　　搭：「的啊」的連音。

　　　　溜：「囉」的變音。

　　　　腮：台語發音，駕駛。

　　　　跳一下：原為電視用語，

　　　　　　　　參與節目錄製的眾人一起跳一下，方便剪接。

　　　　溫刀：台語發音，我家。

罩子：江湖黑話，眼睛。

詼冰：台語發音，胯下。

督丟鬼：台語發音，遇到鬼。

愛字意：台語發音，要注意。

媽抖：英文「MODEL」之意，模特兒。

嗯免：台語發音，不必。

矮油：台語發音，不舒服。

逼哀：台語發音，悲哀。

嗨桑：粵語發音，開心。

腮掐：台語發音，開車。

嗯湯：台語發音，不可以。

感節：「感覺」的變音。

嗨賴：英文「HIGHLIGHT」之意，強調、劃重點。

意屬：台語發音，意思。

十四劃　**豪**：「好」的變音。

摳：英文「CALL」之意，打電話。

端夭夭夭：綜藝節目經常使用的音效聲。

嘎抓：台語發音，蟑螂。

撇步：台語發音，訣竅。

漏咖ㄟ：台語發音，高個子。

摸們：英文「MOMENT」之意，瞬間、重要時刻。

摸蛤兼洗褲：台語發音，一舉兩得。

緊詹：「緊張」的變音。

摳奧：英文「CALL OUT」之意，打電話給某人。

熊熊：台語發音，突然。

十五劃　　靠夭：台語發音，抱怨。

賣勾呷啦：台語發音，別再吃了啦。

課以：「可以」的變音。

瞎密：台語發音，什麼。

凜腥：台語發音，人生。

踢粉你：英文「TIFFANY」，品牌名。

踏馬的：「他馬的」加強版。

歐兜賣：台語發音，摩托車。

十六劃　　撿角：台語發音，缺德。

親像：台語發音，就像。

膩頗：英文「NIPPLE」之意，乳首。

諾諾諾：英文「NO NO NO」之意。

擔藍：「當然」的變音。

十七劃　　縮：「說」的變音。

斃取：英文「BITCH」之意，婊子。

蕭婆：台語發音，瘋女人。

膽寒：台語發音，寒意由膽而生，形容非常害怕。

蕾淫：「蕾絲」的變音。

十八劃　　醬：「這樣」的連音。

嚕：台語發音，推、滑行。

歸身軀：台語發音，全身。

雞歪：台語發音，討厭。

雞道：「知道」的變音。

雞罵：台語發音，現在。

十九劃　攏洗：台語發音，都是。

顛鬥勇：台語發音，反而更強壯。

二十劃　癢央：「癢」的可愛說法。

二十三劃　攬冷筍：生理反應，身體不自覺突然抖一下，台語發音。

二十四劃　醬：「那樣」的連音。

蠱寶包：「蠱寶寶」的變音。

BEAUTIFUL DAY 20

宅女小紅の空虛生活智慧王
SHOWON'S TIPS FOR LIVING WELL

作者：宅女小紅（羞昂）
編輯：黃俊隆・楊惠琪
校對：宅女小紅（羞昂）・楊惠琪
行銷企劃：賴禹涵・林盈孜・陳至玟

封面設計：王志弘
內頁攝影：陳敏佳

出版者：自轉星球文化創意事業有限公司
地址：台北市106大安區臥龍街43巷11號3樓
電子信箱：rstarbook@gmail.com
電話：02-8732-1629
傳真：02-2735-9768

發行統籌：華品文創出版股份有限公司
電話：02-2331-7103
總經銷：大和書報圖書股份有限公司
電話：02-8990-2588
印刷：前進彩藝有限公司
電話：02-2225-0085

2015年11月初版六刷　ISBN：978-986-86839-1-4

Published by Revolution-Star Publishing and Creation Co., Ltd.
All Rights Reserved. Printed in Taiwan.

國家圖書館出版品預行編目（CIP）資料

宅女小紅の空虛生活智慧王／宅女小紅（羞昂）作・──
初版・──臺北市：自轉星球文化, 2011.05
　面；　公分・──（Beautiful day；20）
ISBN 978-986-86839-1-4（平裝）

1. 生活指導　2. 女性

177.2　　　　　　　　　　　100006141